出版研究新视野译丛 | 金鑫荣　主编

〔墨西哥〕加布里埃尔·扎伊德　著

知识过载

过剩时代的阅读与出版

Gabriel Zaid

邵逸　译

SO
MANY
BOOKS

Reading and Publishing in an Age of Abundance

南京大学出版社

SO MANY BOOKS

(originallywritten in Spanish and published as LOS DEMASIADOS
LIBROS) by Gabriel Zaid

Simplified Chinese Edition Copyright © 2024 by NJUP

All rights reserved.

江苏省版权局著作权合同登记图字:10－2020－190 号

图书在版编目(CIP)数据

知识过载：过剩时代的阅读与出版 ／(墨西哥)加
布里埃尔·扎伊德著；邵逸译. —南京：南京大学出
版社，2024.5
　(出版研究新视野译丛 ／ 金鑫荣主编)
　书名原文：So Many Books：Reading and
Publishing in an Age of Abundance
　ISBN 978－7－305－24920－4

　Ⅰ.①知… Ⅱ.①加… ②邵… Ⅲ.①出版业－研究
－世界 Ⅳ.①G239.1

中国版本图书馆 CIP 数据核字(2021)第 172575 号

出版发行　南京大学出版社
社　　址　南京市汉口路 22 号　　邮　编　210093
译 丛 名　出版研究新视野译丛
译丛主编　金鑫荣
　　　　　ZHISHI GUOZAI；GUOSHENG SHIDAI DE YUEDU YU CHUBAN
书　　名　知识过载：过剩时代的阅读与出版
著　　者　［墨西哥］加布里埃尔·扎伊德
译　　者　邵　逸
责任编辑　刘慧宁
照　　排　南京紫藤制版印务中心
印　　刷　江苏凤凰扬州鑫华印刷有限公司
开　　本　718 mm×1000 mm　1/16　印张 7.75　字数 75 千
版　　次　2024 年 5 月第 1 版　2024 年 5 月第 1 次印刷
ISBN 978－7－305－24920－4
定　　价　46.00 元

网　　址　http://www.njupco.com
官方微博　http://weibo.com/njupco
官方微信　njupress
销售咨询　(025)83594756

"出版研究新视野译丛"序

邬书林

出版史，在一定意义上也是人类的文明史。俄罗斯文豪赫尔岑有一段精彩的论述，他说"书是和人类一起成长起来的，一切震撼智慧的学说，一切打动心灵的热情，都在书里结晶成形；在书本中记述了人类狂激生活的宏大规模的自白，记述了叫作世界史的宏伟自传"。自文字的诞生起，出版作为传播知识、传播文明的工具，为人类文明的演进和发展做出了不可磨灭的贡献。中国的造纸术和活字印刷术的发明，极大地融汇、促进了中西方的文化交流；而西方伴随着文艺复兴的革故鼎新，尤其是工业革命以来日新月异的科技发展，给人类带来了翻天覆地的产业变革，使得出版业成为近现代产业体系中的重要一极。

因出版产业而起的出版研究（出版专业）是一个古典与现代并存的研究领域，发展至今，俨然已经成为一门新的学科，"出版学"的概念呼之欲出。道理就在于，不管是人类思想史、文明史的研究，还是现代的学科分类研究，都离不开对出版学（专业）的独立、深入的研究，出版学（专业）研究已经成为现代人文科学和社会科学研究中的重要"构件"。中国古代先贤倡导士大夫"立功、立德、立言""三不朽",宋代大儒张载提出的"为天地立心,为生民立命,为往圣继绝学,为万世开太平"影响深远,而这一切都离不开对出版的倚重。近代中国积贫积弱、瓜分豆剖,面临"三千年来未有之变局"(梁启超语),为了中华民族的复兴,一代知识分子提出要"睁眼看世界",主要也是通过翻译、引进西方有关科学、民主和先进科学技术的系列出版物而达到"欧风东渐"的目的;而"五四"新文化运动中,中国先进知识分子也是通过引进西方"德先生""赛先生"方面的书籍来达到打破旧世界、建设新世界的目的。因此可以说,从古到今,出版起到了普及教育、"开启民智"、汰旧立新的重要作用。就出版的时代重要性而言,近现代中国知识界对出版的重视已经超越了对出版本身"工具理性"的实践认同,更加强了对出版业本身所附有的文化意义和时代意义的探索。

经过中华人民共和国建立70多年,特别是改革开放40多年的快速发展,中国出版业已经彻底摆脱了改革开放之前图书短缺的局面。现在每年出版40多万种图书,其中新书20余万种,极大地满足了社会大众的阅读需求。就出版物的数量来说,我们的出版物种类繁多,发行数量巨大,已经成为名副其实的出版大国。但同时我们也要清醒地认识到,与西方老牌出版大国、强国相比,我们还有很大的增长空间。当前,信息技术的革命性进步为我们提高出版水平提供了机遇。人工智能、大数据、区块链的应用使出版的理念、管理方式、载体形式、传播方式、运作流程、服务方式都发生了巨大变化。我们可以在一个平台上,用开放、协同、融合的理念,用新技术推进出版的繁荣发展。

与此同时,要建构具有中国特色的学术体系、学科体系、话语体系,增强中国文化的国际传播力,则需要我们深刻认识出版规律,加快提高出版水平,更好地发挥出版服务政治、经济、科技、文化、教育和提高国民素质的功能。为此,一方面,我们要不断地修炼内功,加强理论研究,建立服务出版、繁荣发展的出版学科体系;另一方面,我们要不断地借鉴世界各国出版的经验,从出版文明的交流、互鉴中,汲取营养,起到"他山之石,可以攻玉"的作用。

出版作为实践性强、实操性居多的学科专业,缺乏系统的理论建构,也缺少"宏大"的理论叙事,更多的是具体出版实践中一些心得、体悟和经验,因此中西方出版从业者的很多同质性问题,值得大家相互借鉴、探讨。这套"出版研究新视野译丛",顾名思义,是为出版专业的学生或出版同业者提供新视野、新体验的书,所论述的问题涉及学术图书的未来、知识过载时代的阅读、装帧设计对读者阅读心理的影响、书籍各个"构件"的故事等,作者大多是出版研究者和身处出版一线的编辑,阐述的都是近年来出版者在日常工作中会遇到的现实问题和解决方案,这些对出版专业学生和出版工作者来说,具有很好的启迪作用和参考价值,因此我乐于推荐。

是为序。

2023 年 11 月 12 日

出版说明

出版编辑理论植根于古往今来的出版编辑实践。现代出版编辑理论在发展的基础上得到延伸和拓展，大数据、云计算、区块链等技术极大地扩展了出版编辑理论的研究空间，互联网、数字化、融合出版则对传统的出版编辑理论提出了新的挑战。如何在技术与理论、传统与现代的交互发展中探索现代出版编辑理论的诸多核心要素，是出版编辑理论研究中需要关注的问题。同时，在高校出版编辑学的教学研究过程中，出版的具体实践始终是教学过程重点关注的环节。没有编辑实践的出版教学，就会"头重脚轻根底浅"，易发蹈虚之言，好作虚妄之论。这也正是教育部颁布的出版学教学纲要中，特别要求具有出版实践经验的行业导师加持的原因。出版学发展至今还是"非主流"学科，学科设置一般挂靠于新闻传播学、信息管理学或文学的门墙之下，学科的主体性有待加强。因此，出版编辑理论尤其需要实操性比较强的理论和实践阐述，不断充实、加强当代的出版编辑研究，研究诸如出版类别的时代演变、出版内容的海量呈现、出版形式的多元拓展、出版受众的需求变化、编辑素养的综合提升等相关问题。

信息化时代，中西方的现代出版编辑理论和实践构筑不了"小院深墙"，国际化的出版交流日趋常态化。中国作为发展蒸蒸日上的出版大国，在世界出版版图中占据越来越重要的地位。特别是随着文化"走出去"国家战略的实施，许多优秀的出版社成为中华优秀文化走出去的"前哨站"和"桥头堡"。这对我们培养的出版人才也提出了更高的要求，需要他们具有宏阔的国际视野和多元的文化视角，在中外出版编辑理论的互鉴互融中得到能力的提升。为此，我们组织翻译了这套"出版研究新视野译丛"。说它"新"，一是研究的题材新，"译丛"提出了一些新的探索、新的见解，如对学术图书的未来、知识过载问题的探讨，对"叛逆"的编辑解读，等等；二是出版时间新，遴选的是近十年中才出版的专业著作。作者既有著名大学的出版专家，还有著名出版社的资深编辑，这使得"译丛"阐述的问题兼具理论性和实践性、普遍性和专业性。

特别感谢施敏的协调统筹。对徐楠、卢文婷、邵逸、王苇等译者也一并致谢。

译丛主编　金鑫荣

2023 年 11 月 18 日

目　录

致义无反顾的读者

书出如山倒，阅读如抽丝。如果我们的写作热情得不到控制，很快作家的数量就会超过读者的数量。

15 世纪中期图书印刷刚刚开始时，每年出版的图书只有几百种，每一版也只印几百册。当时出版的大多数图书都是古代文献（《圣经》、古希腊和古罗马作品或神职人员的作品）或对这些文献的解析和评论，只有部分当代作品能像经典一样得到出版。或许这就是为何此后我们一直感觉自己的文字一旦被印成铅字，就会变得神圣和不朽。

到了 21 世纪初，写作狂潮席卷世界，全球每年出版的图书达到了 100 万种，每种的印数都是几千册。只有极少数图书能够重印;被翻译成其他语言的更少。很多作者写作不是为了读者,而是为了充实他们的简历。另一个极端是为市场写作、通过教育读者或为其提供信息或娱乐赚钱的作者。我们应该珍惜的是那些逆流而行的书籍:值得一读再读的老书(经典)和沿袭经典传统写就的当代作品。

这一传统是十分强大的,看似对其产生威胁的创新实际反而令其如虎添翼。图书刚刚诞生时,苏格拉底认为其劣于对话,对其十分抗拒。印刷机刚刚诞生时,有些顽固的读者拒绝工业产品进入他们的书房,雇用抄写员誊抄印刷书籍。电视刚刚诞生时,有人宣称图书的末日已经到来。只读光盘(CD-ROM)和电子书的出现引发了同样的忧虑。当少数畅销书、连锁店、线上书店和出版集团成为市场的中心时,人们担心多样性会受到影响。但是几部作品销量极高并不意味着所有其他图书都会消失——它们只会相对鲜为人知。我们的新技术(互联网、按需印刷)正在提升读者可获取的图书的数量。对话还在继续,电视媒体对此充耳不闻,决不会报道:"昨天,一名学生阅读了苏格拉底的《申辩篇》(*Apology*)后感到自由。"

阅读带来的自由和幸福是令人上瘾的,阅读的传统以这种体验为力量源泉,终将把所有创新转化为实现自己目标的工具。阅读赋予读者自由,让他通过阅读图书来阅读自我和人生。让他参与对话，或者像父母、老师、朋友、作者、译者、评论家、出版人、书店、图书管理员和推广者等众多积极读者一样，组织对话。

读者们风格各异的图书收藏（他们的思想基因组）反映了他们独特多样的个性。写作狂潮带来的书籍过剩和过度商业化之间的对话，以及广泛混乱和市场集中之间的对话还在继续。

汗牛之窘

渴望成为文化人的读者去书店会感到惴惴不安，被无数自己尚未读过的书压得喘不过气来。他们买下他人推荐的书，尝试阅读然后失败，积累了几本读不下去的书之后，倍感沮丧，不敢再买新书。

相反，真正有文化修养的人即便拥有上千本未读图书，仍能泰然自若，保有对更多书籍的渴望。

"每个书房都是一个阅读计划。"西班牙哲学家何塞·高斯（José Gaos）曾经写道。他的看法如此准确，为了从中读出一丝讽刺意味，读者必须接受一种不言而喻的假设：未读之书是未完成的项目。展示未读的书就像开空头支票一样——是一种欺骗你的客人的行为。

欧内斯特·迪希特(Ernest Dichter)在他的《消费者动机手册》(*Handbook of Consumer Motivations*)中提到这种内疚会影响邮购书友会的成员。有些人抱着迎来一场文化盛宴的想法加入了书友会。然而,随着新书不断到来,阅读它们需要投入的时间越来越多,新书送到的喜庆气氛逐渐消失,变成了对失败的指控。最终沮丧的成员们选择退出,仍旧源源不断到来的新书令他们感到愤恨,尽管这些书其实是他们花钱购买的。

因此,不以被阅读为使命的图书出现了。也就是,陈列时不会给人带来负担、不会让人感到内疚的书籍:字典、百科全书、地图集、艺术书、食谱、参考书、书目、选集、全集。有品位的送礼人偏好的图书——因为这些图书价格昂贵,是尊重的象征,也因为这样的图书不会让收礼人面对"你读过了吗? 你觉得怎么样?"之类令人不安的问题。事实上,世界上最缺乏商业诱惑力的广告词可能就是:"送人一本书! 就像硬塞给他一个任务一样。"

作者不那么在意读者的感受。撇开最极端的例子(有些作家会打电话问你现在读到第几页了,什么时候读完,以及最重要的,你什么时候发表一篇睿智的、客观的长篇评论),每次有新书出版,他们都免不了分派任务。众所周知,遇到这种情况,优雅的闪避是立刻用一张卡片回复,在卡片上写:"我刚刚收到您的新书。多么美好的惊喜啊！祝贺您,也提前祝贺我自己即将通过阅读您的作品收获快乐。"〔墨西哥作家阿方索·雷耶斯(Alfonso Reyes)用的是事先印刷好的卡片,他只需要在留白处填上日期、姓名和书名。〕不然,欠债随着时间的推移越来越多、不断累积,很快,把书读完、给作者写信(这时就不能只写一封短信了)、想出看似真诚热情的溢美之词的任务会变成一个噩梦。很难说这种情况和寄回一张卡片的行为,到底哪个更加糟糕。

但这还不是全部:应该如何处置这本书的实体呢？作者某天来访时可能会发现它还原封不动地处于崭新的状态。好的策略(不过实施起来也需要一定的自律)是收到书后将开头的页面弄皱然后插入一个书签,表明你的良好意愿。或者干脆让它消失,解释有一个朋友看到书之后特别激动,你还没来得及看,她就把书借走了。如果这么做,谨慎起见最好把题献页销毁掉:作者签名的书经常不幸落到二手书商手上,坊间流传着里尔克热切地赠予瓦雷里的书出现在塞纳河边的书摊上的可怕故事。另外,据说一位墨西哥作家在二手书店发现了自己送给朋友的书——尚未拆封——之后,买下了它然后再次寄给了同一位朋友,随书附言:"阿特米奥·德巴列-阿里兹佩(Artemio de Valle-

Arizpe）再度为您热情呈上。"

　　一个糟糕的解决办法是把所有书都留着，直到你的书房里已经积累了几百本书，与此同时告诉自己尽管你没有时间读这些书，你可以把它们留给孩子。随着科技发展越来越快，这个借口越来越无力。几乎所有的书在完成的那一刻，甚至是之前，就过时了。营销策略会刻意营造过时的感觉，就连经典作品也不例外（不断推出全新的更好的评注版），以避免读书品味代代相传这种曾令市场死气沉沉的灾难。

　　将过时的图书留给孩子和保护建筑遗址都只有一个正当理由：为了考古。为后代创建图书馆不是收集图书最好的借口。如果你集齐了一套关注墨西哥特拉斯卡拉省（Tlaxcala）的历史的作品，或者做了更伟大的事，收集到了不同版本的《堂吉诃德》（*Don Quixote*），没有人指望你把《堂吉诃德》的每一个版本都读一遍，总共读上几千遍——不过很多单纯的访客可能会对同一本书不断重复感到反感。这不是有点像抱着人生中钓到的唯一一条大鱼，从无数个角度拍无数张照片吗？

　　根据阅读和提升文化修养的绝对命令（Categorical Imperative）①，书房就是奖杯陈列室。《魔山》（*The Magic*

---

①　绝对命令是德国哲学家康德用以表达普遍道德规律和最高行为原则的术语。——译者注（以下均为译者注）

Mountain）就像一只大象脚，不仅给房间平添一份庄严之感，还能用作脚蹬或引发对危险的非洲之旅的讨论。倒下之前向面前的猎人使眼色的狮子又是怎么回事呢？拥有但并未读过签名版的《丘吉尔回忆录》的书房主人这时就可以说："可怜的温斯顿！我特地照原样保存，以示对他的尊重。多么强大的英国雄狮啊！我恳求做标本的人小心保留眨眼的表情……"

猎人出了名地喜欢夸大其词。因此渴望提升文化修养的读者们要注意不要展示来路不正的物件——尤其是那些文化游猎中的朋友或者向导真的读过的图书，这是职业道德的问题。因此，图书只能被看作肢解后的动物尸体，而不是被抓住的活体动物。放在油箱里的老虎？没问题。老虎在房子里四处游走，懒洋洋地待在洗手间里或者躺在床上，在窗台上伸懒腰打哈欠，坐在架子上？不行！这是对来访客人的不敬！

这样的绝对命令源自"书籍是神圣的"的古老信仰。在《追寻更美好的世界》（*In Search of a Better World*）中，卡尔·波普尔（Karl Popper）总结道：西方民主社会是公元前5世纪和雅典的书市一同诞生的；图书的商品属性取代了图书的神圣属性。然而事实真的如此吗？市场是矛盾的。象征着神殿的神圣的图书走出神殿，来到普通人家中和身边必然能够刺激需求。民主的去神圣化像买卖神职一般迅速蔓延：无价之物成了商品。但这并没有消除书籍的神圣属性，反而使之进一步升级了。

苏格拉底曾批评过对图书的过度崇拜［见《斐德罗篇》（*Phaedrus*）］。200 年之后，在又一个以书籍为中心的文化中，《传道书》（Ecclesiastes 12：12）有云："……著书多，没有穷尽；读书多，身体疲倦。"①公元 1 世纪，塞涅卡②在给卢西乌斯③的信中写道："身陷书堆，精神涣散。"14 世纪，伊本·赫勒敦（Ibn Khaldun）④表示："探讨同一个主题的书过多会增加学习的难度。"［《历史绪论》（*The Muqaddimah*）第 11 章 27 节］蒙田（Montaigne）说："我们的责任是构建人格，而非生产图书。"［《蒙田随笔》（*Essays*）第 3 部 13 节］堂吉诃德听说《堂吉诃德》（*Don Quixote*）写成之后说："有些人写了书四处发卖，就像卖油炸饼一样。"⑤塞缪尔·约翰逊（Samuel Johnson）说："公共图书馆是对人类愿望之自负最显著的证明；四壁满是伟大的书籍，苦思冥想、精确探查

---

① 引自《圣经》和合本。

② 塞涅卡（Seneca，公元前 4—公元 65），罗马哲学家、政治家，斯多葛学派重要人物。

③ 卢西乌斯（Lucilius，活跃于公元 1 世纪），古罗马尼禄统治时期西西里的地方财政官，塞涅卡之友。

④ 伊本·赫勒敦（1332—1406），最伟大的阿拉伯历史学家之一。

⑤ 译文引自《堂吉诃德》杨绛译本。

之后写出的作品，它们如今除了被目录收录之外鲜为人知……"［《漫游者》杂志（*Rambler*）第 106 期，1751 年 3 月 23 日］

　　我曾建议让无法控制自己的作者带上贞操手套。不过给他们泼一盆冰水也能达到同样的效果：作者们可以像约翰逊一样去一家大图书馆体验一下，看看无数被忽略的作者的遭遇，以打消自己的写作热情。科技进步让每个人，不仅仅是预言家，都可以享受在荒漠中布道的奢侈体验。

　　如何遏止图书的增殖呢？电视似乎一度做到了。马歇尔·麦克卢汉（Marshall McLuhan）曾写过（又写了！）一本预言图书时代终结的书。但出版业爆炸式的发展让麦克卢汉在荒无人烟处对牛弹琴。

　　1947 年，美国只有七个商业电视频道，1949 年（几大主要电视网络开始出现），频道数增长到 50 个，1960 年更是达到了 517 个。从 1947 年到 1960 年，拥有电视的家庭所占的百分比从 0％一下剧增至近 88％。书籍的灭亡似乎指日可待。然而，在同一时间段，每年出版的新书种类比原来增长了一倍多：从 0.7 万册上升到了 1.5 万册。更令人惊讶的是，从 1960 年到 1968 年，新书种类增速加快，在更短的时间内又翻了一番，而电视拥有率几近饱和，达到了 98％［《美国统计摘要》（*Statistical Abstract of the*

United States)〕。

15 世纪中叶,活字印刷机在欧洲出现。它没有立刻取代抄写员或雕版印刷,但确实增加了市面上图书的种类。根据露西安·弗弗尔(Lucien Febvre)和亨利-让·马丁(Henri-Jean Martin)的说法〔《书的诞生:印刷的影响 1450—1800》(*The Coming of the Book : The Impact of Printing 1450 - 1800*)〕,1450 年到 1500 年,有 1 万到 1.5 万种图书〔所谓的古版书(incunabula)①〕被出版,总版次约为 3 万到 3.5 万次,平均印量为 500 册——如果 1450 年有 100 种新书出版,此后每年就是 250 种。到 1952 年,出版的图书种类总量达到了 25 万种〔罗伯特·埃斯卡皮特(Robert Escarpit),《图书革命》(*The Book Revolution*)〕。这样的增速是人口增速的五倍。

人们曾认为电视会终结人口和新书数量的爆炸式增长,但是正如《联合国教科文组织 1999 年年鉴》(*Unesco Statistical Yearbook 1999*)中预推的 2000 年的数据所展示的,预言中的终结并未到来。电视发明以来,世界人口每年增长 1.8%(此前 500 年每年增长 0.3%),而图书种类每年增加 2.8%(以前是 1.6%)。

---

①　古版书指 1450 年代印刷发明后到 15 世纪末这段时间印刷的书籍。

日期	1450[古登堡(Guternberg)活字印刷]	1950（电视）	2000
每年新书种类	100	250000	1000000
人口（以亿为单位）	5	25	60
每亿人口对应的图书种类	20	10000	16700

我们可以向这些粗略数据中再插入一些大概数字。1550 年出版的新书是 500 种，1650 年是 2300 种，1750 年是 1.1 万种，1850 年是 5 万种。1550 年，图书种类总量约为 3.5 万种，1650 年是 15 万种，1750 年是 70 万种，1850 年是 330 万种，1950 年是 1600 万种，2000 年是 5200 万种。印刷诞生后的第一个世纪（1450—1550），出版图书种类总量为 3.5 万种，在过去的半个世纪（1950—2000），这个数字增长为一千多倍，达到了 3600 万种。

人类每 30 秒就出版一本新书。假设每本书的平均价格是 30 美元，每本书的平均厚度是 2 厘米，诗人马拉美①必须每年花 3000 万美元购买新书，并为它们准备近 15 英里长的书架空间，才能在今日发出"肉体是悲惨的，唉！我读过所有的书籍"的感叹。

图书以极快的速度不断被出版，让我们变得愈发无知。

---

① 斯特凡·马拉美（Stéphane Mallarmé，1842—1898），19 世纪法国诗人，象征主义诗歌代表人物。

一个人如果每天读一本书，那他就错过了同一天出版的另外 4000 本其他的书。换句话说，没读过的书的增长速度是读过的书的 4000 倍，我们陷入无知的速度是积累知识的速度的 4000 倍。

"要学的东西太多，生命太短暂。"巴尔塔萨·格拉西安[①]写道。不过，这句格言也像诗歌一样，超越了具体的数字，忧郁的口吻将我们因为无法完成绝对命令给我们布置的无穷无尽的阅读任务而产生的愧疚感一扫而空。是的，走进一间装满我们永远也没有机会读完的书的图书馆或书店会令人内心深处感到悲伤。那种感觉让人想起博尔赫斯（Borges）的诗句：

> 一面镜子最后一次映出我的影像。
> 一扇门被我关上直至世界末日。
> 我的书房里汗牛充栋（它们就在我的面前）
> 有些书卷永远不会被再次翻开。

为何阅读？又为何写作？一生读完 100 册、1000 册、1 万册书籍之后，我们读到了什么？什么也没有。读完成千

---

① 巴尔塔萨·格拉西安（Baltasar Gracián，1601—1658），西班牙哲学家、作家，被誉为西班牙概念主义（conceptism）的主要代表人物。

上万本书之后说："我只知道我并没有读到什么。"不是虚情假意的谦虚。这种说法是非常准确的，精确到小数点后第一位。但这不正是我们，像苏格拉底一样，应该从书多之尬中所学到的道理吗？我们不应该认识到、充分接受自己的无知，从单纯的无知变成无知而自知吗？

或许认识到自我能力的有限正是通往召唤我们、征服我们的唯一的道路，正是它在我们心中埋下宏图大志。或许一切无所不能的感觉都是假象，甚至正是我们能力有限的证明。或许衡量阅读成果时，我们不应计算读过的书籍的数量，而应该关注阅读给我们带来的影响。

文化修养高、掌握第一手资讯又如何？读过几千本书又如何？重要的是阅读之后我们的感觉、看法和行动；街道、云朵和他人的存在对我们来说是否意味着什么；阅读会不会让我们生理上更有生气。

书多又何妨

几乎所有书籍的销量都是几千册，不是几万册、几十万册，更别提几百万册了。很多人（不假思索地）认为这是一件坏事。

一部电影需要成千上万的观众才能收回投资。无法吸引这么多观众的电影会面临什么样的命运呢？没人拍这样的电影。因此，全球制作的电影的数量还不到出版图书的数量的1%。如果图书的制作和发行也像电影一样昂贵（有些确实如此，如百科全书），它就需要成千上万（好莱坞大片级别）的读者。那剩余的99%、永远不可能卖出几十万册的书会怎么样呢？它们不会被出版。

与报纸、广播和电视不同,图书成本很低,可以在不刊登广告的情况下专为几千名有兴趣的读者服务。一般3000名愿意支付相当于六小时最低工资的金额的读者就足以为一本图书出版提供足够的资金。自然,如果读者数量达到3万人,图书价格就可以降低——比如打对折。但凑齐3万名读者绝非易事。不是因为调整后的书价依然过高,真正的原因常被我们刻意忽略:对于大多数出版图书来说,感兴趣的读者不到3万人——3万册送都送不出去。

图书行业相关人员(作者和读者、出版社和书店工作人员、图书管理员和老师)喜欢自怨自艾,形势一片大好的时候也喜欢抱怨。这导致他们常把好事错当成坏事。和报纸、电影或电视不同,图书产业允许小规模运作的存在。就图书而言,进入市场的经济门槛,或者说最低投资,很低,这促进了新书和出版社数量的增长以及各种不同的项目的蓬勃发展,丰富了文化内涵。如果图书行业的生存门槛也像大众传媒那么高,图书的多样性就会和大众传媒一样受到限制。假设新书的数量变为现在的1‰,但每本书的读者数量媲美电影观众,这种状况有什么优势呢?完全没有,因为那样的书现在也会被出版,就是我们的畅销书。另一方面,我们会失去剩余的99%只吸引一小部分读者的图书。电影行业必须枪毙99%的潜在项目,图书行业则不用。如果一本书适合大众，它就会得到较多的读者。如果不适合，只要能吸引几千名读者，它就不至于被放弃。

有什么根据要求所有图书都卖出几百万册？是（作者和出版社的）虚荣还是民族自豪感？如果一本书，相较于一部电影，感兴趣的人不多，商业上却仍然行得通，为何不出版呢？人口更多、更加富裕、受教育水平更高的社会可能会对部分图书有更多的需求，但这并不意味着这样的社会应该因此停止出版销量相对较低的图书。相反，随着人口增长，财富不断积累，受教育程度提高，销量较低的图书反而应该变多：人们的专长和兴趣更加多样了，吸引几千名对某个特定领域感兴趣的读者变得更简单了。只印几千册就能回本的图书数量会出现增长。

这种情况揭露了一个鲜为人知、因不符合普遍常识而极少被提及的事实：大多数在发达国家出版的图书销量不过几千册，其他国家亦是如此。怎么会这样？我们不是总在谈论大规模印刷吗？这样的大规模印刷确实存在，且常被说起，但与之共存的是数量上占多数却鲜少被提及的小规模印刷。发达国家的出版机构的真正优势在于寻找几千名愿意为一本小众图书支付 30 美元（甚至更多）的读者对他们来说相对容易。因为可以奢侈地小规模印刷大量不同种类的图书，发达国家的出版物总量与人口的比例比其他国家高十倍。

在很多领域，进步都会伤害多样性。图书领域则不然。古登堡革新印刷技术之后，大众新闻、电影、电视、计算机技术、卫星通信和网络次第出现。每一样新事物的诞生都会带来图书即将灭亡的预言，但每一次都会有更多的、主题更为多样的图书以更简便的方式被出版。如今，按需印刷系统让印刷 50 册或 100 册图书变得划算。这意味着什么？这让出版只有 50 名或 100 名读者的图书成为可能。当然，总有作者不认可这个系统的优点，他们会说："我的《解构诠释学》（*Deconstructive Hermeneutics*）怎么可能只卖了 50 册？这背后肯定有阴谋！出版社和书店都只想赚钱——只推广好卖的书。被电视和消费主义麻醉的人类要如何诠释性地解构自我？一切改变之前，一切都不会改变……"

但是让我们假设，一切终于改变了；黄金时代到来；一个全球图书系统（伟大的巴别塔图书馆）被建立了起来，它藏有人类出版过的所有五千多万册图书；每个人只要专心阅读就可以拿到工资；在这样的条件下，每位读者每周可以读四本书，每年可以读 200 本书，50 年可以读 1 万本书。杯水车薪！如果从现在开始全世界都不再出版新书，我们要花 25 万年才能读完已经出版的书籍。光是读完名单（作者和书名）就需要 15 年左右。说每个人都应该读过某本书的人没有用大脑思考。人类基本的生理极限让我们不可能读完 99.9％ 已完成的图书。

人类完成的图书数量远超个人的阅读能力。如果每本出版图书背后都有两部不幸未被选中的手稿，那么人类每年能够写出两三百万种图书。艾利布瑞斯（Xlibris）——"兰登书屋风险投资公司的战略合作伙伴"，专做作者资助出版（vanity publishing）——估计在美国每一本出版图书都对应九份未能出版的手稿［《哈泼斯杂志》（*Harper's Magazine*），2000 年 12 月］。然而全职读者一年最多也只能读 200 本书，也就是新书总量的万分之一或 1.5 万分之一。

是不是应该将每年出版的新书种类减少到世界上每个人都能读完？每个人都梦想得到全世界的关注，希望所有人都安静下来听他说话，期望其他所有作者都放下笔读他的著作。有些人相信至少有些书值得所有人阅读。但是面对全人类应该说些什么呢？如果组织一场永不停歇的全球集会，每个人都有机会拿到话筒对其他所有人说话，每个人分到的时间连打招呼和坐下都不够。全人类的对话会被简化成寒暄合集，一首大家互道早安的巴别塔之诗。或许这就是人生：我们站起来，打招呼，然后消失。但这令人难以接受。我们的一句"你好"中蕴含着对永恒的渴望，蕴含着一种让我们紧握话筒不放并最终制造出极权团体的欲望。所有人都必须听我说话。永不结束的寒暄是无休无止的自我在宇宙中心不断发声的表现。像元首的演讲、领袖语录，像《诗篇》第 49 篇：

> 万民哪，你们都当听这话。世上一切的居民，
>
> 无论上流下流，富足贫穷，都当留心听。
>
> 我口要说智慧的言语，我心要想通达的道理。

我们紧握麦克风不放，拒绝让世界离开（这是为了他们好），希望全世界都听到我们的至理名言，了解我们的美好心意，这是一种崇高的渴望。但哪怕在专家的集会上，当人数到达一定数量时，对话也必须分组进行，这样参与者才能于小组内避免在笼统的话题上停留过久，就更多的主题进行更深入的讨论。交流也是有极限的。即便假设每一位专家在每个领域都有同样的专长，对其都有同样的兴趣，他们也不可能在一次大聚会上探讨所有的问题。人体基本的生理极限决定了随着参加者人数上升，发言的平均时间就会下降。全世界的人都参与同一个对话不会让其变得丰富，只会起反作用。

想象在一个广场、市场或鸡尾酒会上，很多对话在同时

进行。突然话筒出现了。很多小圈变成一个大圈，不同的对话变成同样的对话。这是好事吗？

这是一种迷思：是不可能实现的沟通透明，是用专制取代巴别塔。我们抱怨语言引起的困惑和过多的对话，这是因为我们渴望得到世界全神贯注的、超越人类极限的关注。然而文化是没有中心的对话。真正的全球文化不是以一个声音为中心的、乌托邦式的全球村；而是巴比塔式的多个村落，每个都有自己的中心。对于我们来说可行的世界大同是众多丰富多彩的独立对话构成的有限的、受限的、具体的世界大同。

书籍与对话

多亏了书籍的记录，我们知道苏格拉底不信任书。他比较了书籍和对话，认为前者不如后者。他对斐德罗说，写作是对言语的模仿，看似对记忆、获取知识和想象有所帮助，实际上最终只会适得其反。人们依赖记录，反而无法提升记忆、拓展知识、开发想象。更糟糕的是，他们开始相信只要拥有书籍他们就拥有了知识。

对话取决于相应的参与者：他们是谁、知道什么、对什么感兴趣、说了什么。相反，书籍是冷漠的独白：对读者阅读时的情境漠不关心。它们完全不考虑读者的情况，一遍遍地重复同样的内容，不理会读者的问题或回应。

作者的思想也惨遭同样的厄运，被读者的不解所包围，被与创造者强行分开，作者本人无法到场解释或捍卫自己的观点。

书籍代表收获，而不是创造的过程。另一方面，对话中播种的观点会生根发芽，催生新的观点。

总而言之，智力、经验和创造力是通过现场对话，而非僵死的文字，发展与传播的。

这种观点象征着一种可以追溯到史前时代的对进步的批评。是反对将火用于炉灶之中或在花园中人工培植植物；是自然与人工的对抗、生食与烹饪的对抗、生与死的对抗。矛盾的是，将这些观点传达给我们的正是它们所排斥的媒介。苏格拉底忠实于自己的信条，没有记录自己的思想。斐德罗可能——遵从苏格拉底教诲——将它们记在了心里，然后又在其他对话中重复了这些观点，热切聆听的柏拉图便是听众之一。柏拉图认识到将自己听到的内容记录下来并不妥当之后，可能有过犹豫。还好他最终选择了写作：他既支持又反对苏格拉底的学说。他用书籍记录了那些至今仍在质疑我们的读书习惯的对话。

几千年以后，有人针对图书、电影、音乐、电视和计算机提出了同样的问题。比方说，音乐家斥责我们不应该一边忙手头上的事情一边听背景音乐。真正的音乐、苏格拉底式的音乐，是和朋友一起演奏，根据乐手、心情和灵感即兴用爵士乐交流互动……

但是，在莫扎特去世 200 年之后，收到他所有作品的 CD 合集时，有谁会抱怨呢？谁会因为拥有柏拉图全集而不满吗？今天只要花看起来不少但其实微不足道的钱就可以买到这些珍宝。想想购买一座教堂或者一幅凡·高作品要多少钱，坐下来仔细读完柏拉图所有的对话或听完莫扎特所有的音乐作品又要付出什么样的代价。

如今购买这些珍宝比花时间去欣赏它们要容易。因此，苏格拉底的观点压在我们肩头，在书架上等待我们的关注，莫扎特的主旋律缺乏存在感地响起又消失，像穿过树林的风，有时渐止或消失，有时彰显力量，将我们带入另一个世界。

现代生产力降低了机械复制的成本，提升了苏格拉底式传播的成本。苏格拉底和斐德罗进行的睿智的对话——在街头相遇，开始探讨莱西亚斯①关于爱的一段精彩论述，到雅典城外一边散步一边就其意义进行辩论——只可能发生在一个生产力低下、人们空闲时间很多的不发达世界中。现在，人们以车代步，精确控制在路上花费的时间，在这样

---

① 莱西亚斯(Lycias，公元前 445—前 380)，希腊专业演讲作家。

的世界中,苏格拉底和斐德罗不会相遇。即便运气好相遇了,他们也难以找到可以停留的地方,更不会有停留的时间。我们难以想象他们像无所事事者一样为了交谈取消原本的计划。

　　面对投入时间和拥有物品的选择,我们选择了拥有物品。如今阅读苏格拉底的话语是一种奢侈,不是因为书籍昂贵,而是因为我们没有时间。如今睿智的对话和深思的闲暇比积累文化珍宝奢侈得多。书多得我们读不过来。图书中所累积的知识总量远超苏格拉底的学识。在现在的阅读习惯调查中,苏格拉底的得分会很低。他缺乏学术成就,没有学术头衔,不会外语,没有出众的简历也没有出版过学术著作,无法在文化行业争取重要的职位,这种现象印证了他对图书的批评:对学习的模拟和证明变得比学习本身更加重要。

　　然而图书——言语的风干外壳,并不一定要取代对话。图书可以提升对话,或为其提供养分。作为一种没有生命的物质,它既可以扼杀生命又可以滋养生命,能够夺走活力也能注入生机。重要的是不要忘记什么为什么服务。将这一点铭记在心之后,我们就可以接受苏格拉底的批评,然后站出来为图书辩护:

你说得对——如果图书不能鼓励我们拓展人生的宽度，那它们就已经死了。你说得对——如果能过上时常得到启迪的非凡人生，对书本更为推崇是荒谬的。但我们再也没有雅典的闲暇午后时光了。伟大书籍中对启迪不断的人生的模拟似乎不仅仅是一种模拟：它就像生活本身，像等待被再次发现的潜藏的灵感。柏拉图《对话录》（*Dialogue*）中死去的文字留存了你极具感染力的自由思想的幼苗。

在欠发达的旧世界和新世界，从来不缺开宗立派者：他们能够用自己的雄辩之才在文化沙漠中建起绿洲。苏格拉底的教诲——以公开讨论的形式、以传教士布道的形式、以农村教师讲课的形式、以伟大的谈话者的沙龙聚会的形式——可能传遍整个社区，提高本地生活的质量，释放创造力。但书面文字被发明几千年、印刷机被发明数个世纪之后，这种鼓舞不一定必须是口头的。

书面语言的钝滞不是书籍的失败而是生活的失败。对话、大学、布道、演讲、日常生活的语言和行动中都有很多死亡的文字。想象一下一个从中世纪一直延续到现在的情景。在教室中，老师根据教案讲课，学生记笔记。在这个情境中，老师的角色是什么？不是对其交谈对象的思想进行引导的苏格拉底式的精神助产士，而是像一根按照现成的文字绣花的、会发声的针。如今，在这个人口和学术研究过剩，个人要付出高昂的代价才能专注于某事的时代，每个教室中都有苏格拉底是不可能的。与其他教育和启迪的形式，比如图书馆相比，在某种意义上，教室教育又何尝不是过时的机制呢？

文化是对话。写作、阅读、编辑、印刷、发行、编目、评论都能为对话注入动力，助其保持活力。甚至可以这么说，出版一本书是参与对话，建立出版社、书店、图书馆则是开始对话——这样的对话，像它应该的那样，从小范围的辩论开始，也对来自不同地点不同时代的人开放。

文化，人类学意义上的"生活方式"，是即时产生和复制的，但它也是各种作品、工具、代码和作品集的集合，其中有些是以钝滞的文字的形式存在的，有些不是。狭义上，代指"文化活动"的文化也是如此。在两种意义上对于文化来说最重要的都是其是否拥有活力，而不是其拥有多少吨死亡的文字。苏格拉底倡导的鲜活的文化（如伊万·伊里奇①所称）在广场上或在书籍中，在教室里或在图书馆里，在咖啡店里或在书店里，用最新的或中世纪的技术，在富裕或贫穷

---

① 伊万·伊里奇(Ivan Illich，1926—2002)，奥地利哲学家、罗马天主教神父。

的社区里都可能实现，也可能实现不了。有些文化或文化媒介的优越性，如果存在的话，在于其能够产生多少活力或生命力，而这只能感知，无法通过数据衡量。资历和数据都无关紧要。

乏味是文化的反面。文化是对话、活力、灵感。声援对我们来说意义重大的书时，我们不应自我设限，只关注销量，印数，书籍的种类，新闻、文化活动、工作机会的数量，成本以及其他可量化的指标。重要的是创作活力，即便不能衡量，我们也可以感受到；尽管没有鼓励创作活力的固定规则，但还是可以以创作活力为标准判断我们自己是否在正确的道路上行进。

一些例子：

◆ 一个两岁的孩子和父母一起在餐桌边，她的父母在和客人用一种她从未听过的语言谈话。突然，她开始发出一些声音，好像她也在用那种语言说话一样。她想要参与对话，而且相信自己有能力参与。从某种意义上说，这个孩子是在再次体验学说话的冒险。如果她所处的国家的人都说客人所说的语言，她就一定会像学游泳一样，通过沉浸其中，学会这种语言。保罗·古德曼①观察到这种对交流的渴望之后认为孩子也可以自发地学习阅读。问题是学校,是学校让孩子们失去了这种渴望。鉴于小学老师的教学可能达不到苏格拉底对对话的要求,古德曼认为如果孩子一出生就被送去学校学习说话,很多人可能学不会说话或只能结结巴巴地说话。

◆ 一个人中途加入对话,认为自己听不明白,需要更多的知识:他忽略了知识与对话的同一性,认为知识需要提前在别处另外获取。朋友推荐他去上课、学习手册或阅读经典,但这一切都令他感到乏味。真正能对他有所启发的做法是建议他更加自信地面对自己对交流的渴望,告诉他如果他对某些自己不明白的东西感兴趣,就应该多关注、问问题、多反思,查阅字典、手册或经典,但这一切都是为了满足他对参与正在发生的对话的渴望。没有必要建议他把字典从头到尾系统地学习一遍。运用字典,和其他所有学习计划,是为了辅助对话,而不是为学而学。当然,如果查阅一个词语时发现了其他感兴趣的词语,翻阅经典时发现自己的兴趣超越了目前探讨的话题,他当然可以顺着好奇

① 保罗·古德曼(Paul Goodman,1911—1972),美国作家和公共知识分子,以20世纪60年代的社会批评著作而著名。

心、意外、惊讶或快乐进一步探索。渴望跟上一个不明白的对话是健康的标志，不是缺乏准备的表现。自律是为渴望服务的，不是渴望本身。没有渴望就没有鲜活的文化。

◆ 一位年轻的作家梦想创作小说，但觉得自己尚未准备好。有人建议他用原语言阅读伟大小说家的作品。他喜欢上了陀思妥耶夫斯基[①]，20 年后，他没有成为小说家，而是成了一名俄语译者。有人建议他念文学博士，专攻叙事理论，20 年后，他没有成为小说家，而是成了一名符号学教授。我们应该对他说："什么小说你读过但是写不出来？多读这样的书，也看看其他你可能有兴趣的作品。什么最能激发你写作的激情？坚持写这样的东西，开始写作之后——不是开始之前——再从外界学习写作的技巧，读一些书。不要还没有迷上小说，没有感受到创作小说的兴奋，就埋头拼命研究小说的历史或理论。"

◆ 一位被遗忘的作家的孙辈有资金出版该作家纪念版作品全集。对长辈的尊重有时能确保档案、物

---

① 费奥多尔·陀思妥耶夫斯基（Fyodor Dostoyevsky，1821—1881），俄罗斯小说家，通常被认为是有史以来最优秀的小说家之一，文学现代主义、存在主义和多个心理学、神学和文学批评学派都深受其思想的影响。

品、版本和其他很多可能被损坏或丢失的东西得到良好的保存,从而对文化有利。如果能够促进建立在适当的,或者至少是仔细的分类、注释、索引和批评之上的研究就更有帮助了。但是纪念碑是为仪式而非对话设计的。为了让一位被遗忘的作者参与对话,就要熟悉对话,判断从哪里加入,介绍些什么;就什么主题,在什么时间和地方让被遗忘的作者发声;选择合适的文本激发大家的讨论。在杂志或报纸上发表过几首他的诗、几篇他的短篇小说或论文后,(进行适当对话的)出版社随后应该挑选一本他的书出版。然后把他当作仍在世的作家,继续每隔一两年出版一本他的作品。介绍其他时代的作家和其他国家的当代作家时,就是通过把握对话的节奏和注意对话的范围,让其逐渐成为本地对话的一部分的。不是所有对话都特别开放或机智。

◆ 很多作者把书稿交给出版社前并不了解出版社的特点和已出图书。这就像光说不听。熟悉正在进行的"对话"的朋友可能会对作家这么说:"你把书稿送给这家出版社是没用的。你不知道他们都出些什么吗?你的作品不适合他们的任何一个品牌(或他们杂志的任何一个栏目)。他们直接拒绝了那本特别棒的翻译作品。为什么？因为他们从来不出翻译书。你没注意到吗？我也没有,但是看了他们的书目之后,我发现这是真的。你当然可以再试试另外那家。他们的出书策略很灵活,什么样的作品都有机会;但因为同样的原因,你的作品可能会被埋没在仓库中,无法参与正在进行的对话。你必须寻找在对话中表现活跃的出版社,在出版社看来,你必须能够为他们的读者提供内容。不然你就必须自己开启对话,直到你所积累的读者吸引出版社的注意。"

◆ 胡安・何塞・阿雷奥拉①为革新西班牙语文学做了大量工作,也是一位发扬苏格拉底对话教学法的伟大教育家,他也懂得如何利用出版为墨西哥文学注入活力。他传奇的"在场之人"(Los Presentes)小书系列造就了一个年轻作家组成的活跃圈子,而他们又发起了很多其他活动。而且,阿雷奥拉是在几乎没有得到物质支持的条件下完成这一切的。如今,有很多机构拥有比他多百倍的资源,真正有意义的出版物和文化活动却少之又少,这着实令人惊讶。为什么会出现这种情况呢? 也许是因为很多出版社不知道真正的出

① 胡安・何塞・阿雷奥拉(Juan José Arreola,1918—2001),墨西哥短篇小说家和幽默作家。

版艺术是有节奏地让作品参与对话；要懂得如何制造热度。

阿雷奥拉还有一句关于出版的格言：所有好出版社都会出版"例外"的作品。不过请注意，如果出版社的出版方向不固定，例外就没有意义。只有在围绕某原则进行的对话中例外才可能存在。只有在精心安排的座位表上，我们才能注意到有一位客人格格不入，应该换一桌坐。以不出版翻译文学作品为基本原则是荒谬的，但其确立了一张桌子上的对话框架。没有这种一致性，就没有好的出版社、发行商、书商、图书管理员及读书俱乐部和读书俱乐部管理员。

文化让我们的思维变得抽象，很多做法最终的结果是混乱的。如果我们把文化理解成一种对话，就可以做出具体的判断，界定谁与谁有进行交流的意向，以何种方式，在何时、何地让他们碰头。这会帮助我们认识到在世界上所有人中愿意阅读一本新书的人很少，理论上我们甚至可以列出一张清单。当然，每本书的读者清单都是不同的。在极少数情况下，清单上会有上百万个名字，只有大读书俱乐部或大型直销公司的电脑才能处理。但一般情况下，无论什么语言，清单上都只有几千个名字，甚至不到一万。然而哪怕一本书的印量只有几千册，如果遇到对的读者，它就足以改变对话的方向、文学的边界和我们的思想生活。那么，将书籍投入无尽的书海，迷失在混沌之中，又有什么意义呢？除了极少数例外，图书的世界与大规模的、无细分的市场无关；它依赖的是细分的顾客群体、专门化的市场定位和各种不同兴趣俱乐部的成员。但不是所有出版社、书商和图书管理员都重视了解这些俱乐部、列出潜在读者清单、欢迎并促进直接接触、关注参与者的品味和意见、组织清楚活跃的对话。很多中小型组织遵循这些原则所取得的成功证实了要像组织对话一样经营图书的世界。

亲爱的苏格拉底，斐德罗说你在发明关于书面文字起源的埃及故事方面有特别的才华，此话不假。但你的批评帮助我们看清了书籍所扮演的真正角色，也就是用另外一种方式继续我们的对话。

文化与商业

我们希望文化和商业不要相互关联：文化自由传播，以类似邪教和玄学的非商业模式被接受；像只有被选中的人才能喝的启蒙之酒；是在权力机构的控制和保证下逐渐建立的。

随着我们对原住民文化的态度日益开放，情况虽然很复杂，但没有太大改变。尽管有人看似大胆地提出，这些文化和我们的文化一样扎实，隔阂仍旧存在，这是因为他们是"他者"；一旦他们不再是"他者"，就成了"商业化的"。文化是"有文化"的人和仍处于文化世界边缘的原住民群体拥有的一种"另类性"。中间的领域——广播歌曲、肥皂剧甚至是传统民俗表演都是商业产品，不是文化。

　　在这一切中，有人认为商业是肮脏的，或者至少不怎么高尚。比方说，对于他们来说，将神与商业联系在一起就是令人反感的。但赫尔墨斯（Hermes）——里拉琴的发明者，掌管商业、道路和通讯的神——不也是炼金术典籍中的重要人物吗？商业（commerce）一词，至今还有无关经济的含义。比如，出于"与神、精神、激情、思想等的交流和对话"，《牛津英语词典》引用华兹毕斯的诗句："我们各自陷入深思，与内心的想法交流。"当然，这指的是沉默与冥想，不是营销思想。在 1850 年，思想、观点、知识不会被视为产品。甚至在 1962 年，弗里茨·马赫鲁普（Fritz Machlup）在美国出版《知识的生产和传播》（*The Production and Distribution of Knowledge*）时，他还要证明将知识计入国民生产总值的奇怪做法是合适的。为了将书籍、媒体、教育、研究、信息机器和信息服务纳入国民生产总值（根据不同的计算方式，1958 年这些产业的产值占国民生产总值的 23%—32%），他必须给此前一直被认为无法定价的东西标上价格。几千年来，知识被视为来自上天，人们通过加入组织，在"商业"市场之外分享知识。用"口耳相传"的方式传递知识在中世纪行业公会、共济会、封闭式工会、玄学界甚至礼仪传授中都十分常见。

说某事已铭记在心指的是知识通过自然的交流被传递，不是通过金钱或课程获取的，更不是通过独立阅读。依据这样的传统，被售卖或公开宣传的知识是被玷污的、有铜臭味的。

请留意文化圈对（接受度方面的、外部的、商业上的）成功模棱两可的双重态度——渴望又恐惧，相较于大众，他们更在意得到一小部分人的尊重。说到底，忽视大众就是忽视文化：是交流上的失败，但也让人免受商业和成功的荼毒，纯洁性得到保障。商业成功可能会引发反效果，导致作者在最重要的圈子中失去信誉。我们希望图书是民主的物体，人人可读，处处可得，但我们也希望它们保持神圣。

这些模棱两可的观点中最根本的是事物本身的模棱两可。当然，文化不是产品。那么橘子、兰花、飞鸟和落日呢？任何事物最初可能都是一种发现，然后变成货币、物体和商品。为了避免这种情况，人们发明了一个和事物本身一样模棱两可的验证过程。话语成了一种具有公正效力的契约；学术头衔是一种保证、机构佐证，专家用他们的署名背书。

而矛盾就在这里。现代文化是伴随印刷革命诞生的。其排斥传统的中间人，鼓励独立探索：让读者通过阅读理解文字的内涵。但被我们称作"有文化"的状态始终与此截然不同，依赖于与阅读无关的过程：依赖于具有圣化、验证和保障功能的机构的通过仪式①。真正的现代现象——自由阅读和商业出版——现在似乎不如拥有学术知识有文化，像中世纪一样，等级制度仍然存在。非商业的商业存在吗？根据人类学家的说法，一直存在。交易源于对话：部落交换（以物换物以及买卖出现之前）就是对话的往来。现在仍然如此，有些本地人不愿将东西卖给不喜欢的人或不愿与之进行物质交换或讨价还价的人，这种行为便是明证。他们认为自己不是自动售货机：不是在机械地用物品换取金钱，而是在参与对话。如果工程师们能够拆解一台自动贩卖机，追溯其遥远的人类学起源，找到最初的蓝图，他们会发现一句神奇咒语："早上好。"修道院里的交易曾经就是这么进行的，赎罪券的售卖本身就有一定的争议，这都体现了任何商品模棱两可的特质。卖花不就像卖奇迹、卖恩典、卖通往天堂的护照吗？不像给永恒贴上价格标签吗？随着商业文化的发展，这种模棱两可逐渐突显出来，尽管商业文化受到了售卖赎罪券的影响，但社会再也不可能倒回封建的自给自足。

　　这种内疚损害了图书行业以及所有自认为高于商业的

---

　　① 通过仪式（rite of passage）指标示从一种社会或宗教地位向另一种社会或宗教地位的转变的仪式。

企业（公社、合作社、教区商店、工会商店、国营商店）。图书行业与独立于商业的圣殿既有关联又有距离；它与商业革命同时成长，是工业革命的前奏（图书是最早因标准化而价格降低的制品之一）；它支持新教（废除了赎罪券的销售，让《圣经》成了畅销书）提倡的独立受神启和法国大革命，有人认为是《百科全书》的销售引发了法国大革命［罗伯特·达顿（Robert Darnton），《启蒙运动的生意：〈百科全书〉出版史（1775—1800）》（*The Business of Enlightenment: A Publishing History of the Encyclopédie 1775 - 1800*）］。

给正在阅读本书的您留一份作业：研究为何法国百科全书派①，作为革命者，为自由贸易发声；为何自由文化、独立职业和印刷图书是同时出现的。思考从印刷机的发明到新教的文化革命的进程，以及此后产生的反向革命，后者重建了新形式的教权主义：职业学校、共济会、打着学术的幌子进行的一切教化、国家干预、对个人生活施压的（公众、工会、学术、个人的）大官僚主义。请留意对商业的憎恶中隐含的一种倒退的、对自由的憎恶——现代文化的商业起源中暗含的矛盾。

一切商业都是对话：换句话说，是文化，但总是可能演

---

① 法国百科全书派指 18 世纪在德尼·狄德罗（Denis Diderot）的指导下编写《百科全书》的一批作家。

变成其他东西。认为图书不是商品而是对话和启示没有问题，这应该让我们认识到任何事物都不仅仅是商品，而不是对商业产生排斥心理。

关于图书流通的一些问题

关于图书流通的三个假设：

书是历史上最早出现的、至今仍是最重要的大众传媒手段。

书籍的影响是巨大的：文化通过图书扩散和传播。

因为书很昂贵，尤其是对于贫穷国家的大众，所以没有得到更广的普及。

图书是一种大众媒介吗？因为以下原因，图书与其他大众传媒手段是可比的：图书可能售卖数百万册；以非特定大众为受众；是复制符号的工业产品；历史上，从 15 世纪的古登堡《圣经》到广播、电影、电视和 21 世纪的数字媒体，图书是大众传媒发展的起点。但图书与大众传媒也有区别。

水陆路邮件、电报、电话和电子邮件尽管是为大众服务的，却主要是为两个通信者的直接交流存在的。另一方面，《伊利亚特》(*Iliad*)和《奥德赛》(*Odyssey*)等口头流传的文本以及手抄或印刷的图书，大众传媒工具的先驱，是截然不同的：它们从中心向大众传递信息，不是交换媒介，是以非特定大众为受众的。因此将图书与其他大众传媒手段比较是合理的。但是，各种各样的比较导致了对图书有害的误解：它们暗示其他媒介在技术、大众号召力和影响上已经超越了图书，因此，我们必须帮助图书抵挡新媒体的冲击——抱怨价格和发行让图书无法大规模发行，肯定图书克服万难的伟大和强大影响力。

认为图书是大众媒介的先驱，但普及程度不及其他媒介的观点，会让人感觉图书有缺陷，催生错误的问题和错误的解决方式。

首先值得一问的是，是不是所有书都需要或值得被广泛阅读？绝大多数的书不是为大众读者写的，经济上对读者数量的要求也不高。另一个极端，有些糟糕的书有很多读者,受众数量不亚于甚至超过报纸杂志、广播或电视,但这并不改变这种书质量差的本质。

图书并不是一种真正意义上的大众媒介,虽然能扮演大众媒介的角色,却不会因此给社会带来特别的益处。当然,如果很多人都读过几本相同的书就会产生促进交流的社会效益——这些书是经典时尤其如此。有通用的字母、数字、重量和度量衡、词汇和最低限度的文化背景是一件好事——能让人与人互相理解。在文字、歌曲、俗语、新闻和电影方面有一些共同语言也是好事,否则对话就进行不下去。绝对一致是无聊和令人麻木的,但绝对差异也会孤立我们。为了让多样性丰富对话,共同的知识基础是必要的。此外,还是更提倡多样性。真正理想的不是所有书都有数百万的读者,而是它们都与适合的读者——在一个发行完美、价格不是问题的理想世界中这本书能够触及的读者——相遇,赋予每一个感兴趣的读者阅读的机会。

图书是一种行动手段吗? 关于图书的影响的问题也值得我们自问。这样的影响显然存在,但它如何运作、这种影响是强是弱、是好是坏还不清楚。

传统假说是福音式的:一把种子散出去,有些丢失了或者落在了贫瘠的土地上,有些闷死了,或者几乎不结果;但有些会得到少数天选之人的回应，图书改变了他们的人生，他们再去改变更多人的人生，扩大图书的影响。思想是以这种方式传播的，如果思想受到了掌权者的注意，或者有思想的人掌握了权利，就更是如此。所以一种对话或传统会逐渐在时间和空间上建立起来，几本亚里士多德的著作影响了欧洲语言，塑造了无数从未读过他作品的人的思维习惯。同样的对话还会和重要事件联系在一起，向我们展示，比如从黑格尔到马克思再到卡斯特罗的演化，强大的思想影响力是如何秘密地塑造历史的。

这一切都是令人欣慰的安慰，尤其是对于作品销售成绩不佳的作者，他们可以在心里自我安慰，毕竟黑格尔的作品卖得还不如我的。但也仅限于此了——可以以此驱赶相反假设造成的噩梦，这种假设没有被证明过却广为流传，即写作就是将自己置于现实的边缘。苏格拉底不认同写作的重要性。兰波①和胡安·鲁尔福②放弃了写作。很多神职人员和革命者会因为沉浸在一项难以带来实际结果的活动（写作）中而感到内疚或认为自己过度自恋。创作者的内疚是众所周知的，这一定程度上解释了为何我们痴迷于用笔

---

　　①　阿蒂尔·兰波（Arthur Rimbaud，1854—1891），法国诗人和冒险家，象征主义运动的代表。

　　②　胡安·鲁尔福（Juan Rulfo，1917—1986），墨西哥作家，被认为是 20 世纪拉丁美洲最优秀的小说作家之一。

为"有价值的事业"服务以缓解自己的无能感。如果拉丁美洲的大学一直等到 1966 年才翻译《精神现象学》(*Phenomenology of Spirit*)，也没有因为接触不到黑格尔的思想而崩溃，如果真正读过这本书的革命学生少之又少，如果卡斯特罗公开承认他只读过《资本论》的开头，我们所提到的图书的影响指的到底是什么，更别提对普罗大众的影响了。

有必要对与所谓的书的影响力相关的不同现象进行区分和单独评判。比如作者或者图书的名气、图书的实际销量、阅读图书以及其对其内容的消化和传播；我们一定也要考虑前面的现象（名气、销售、阅读、消化、传播）和我们所能观察到的大众行为之间的因果关系。

一个没有写过书的人可能以作家的身份为人所知；如果他确实写过书，也可能根本卖不动；就算卖出去了，也可能没人读；就算有读者，也可能没有带来任何改变。有人卖出了很多作品却没有名气。有人写得很少却很有影响力。这些都是相关但又不同的现象。

但一切都尚待研究。有政治企图的诗歌真的好吗？色情文学真的有危害吗？如果那些读了《少年维特的烦恼》(*The Sorrows of Young Werther*)之后自杀的人没有读这本书，他们还会自杀吗？是马克思的著作引发了古巴的

"七·二六运动"①吗？是福音引发了对广岛的轰炸吗？

我们可以组织研究,按照城市社区、收入、年龄、性别、习惯、偏好等对阅读进行统计和总结。但影响很难衡量。我们默认广告商对电视是否对儿童有害以及其中的原理没有兴趣。但在他们感兴趣的方面,如广告对销售的影响,他们其实也不是特别清楚。莱弗休姆子爵(The Viscount of Leverhulme),肥皂帝国利华兄弟(Lever Brothers)的创始人,曾开过一个至今仍在流传的玩笑,他说:"我花在广告上的钱有一半是浪费的,但问题是我不知道是哪一半。"[大卫·奥格威(David Ogilvy),《一个广告人的自白》(*Confessions of an Advertising Man*)]

在图书方面,我们就更无知了。在没有相关研究的情况下,存在着一系列一本正经的理论:没有一本书糟糕到完全没有可取之处;任何书都比电视节目强;没有什么比养育一个孩子、种一棵树和写一本书更高尚了。而图书到底是不是一种行动手段其实也主要取决于个人是否相信。

什么人不读书？书籍作为一种媒介与其他媒体有根本区别。报纸杂志、广播和电视所做的是积累一批可以卖给第三方的观众。内容必须得到第三方(广告商)的认可,是

---

① 1953 年 7 月 26 日,古巴爆发"七·二六运动",一百五十余位革命者为推翻当时统治古巴的巴蒂斯塔政权,发动武装起义。

吸引观众及决定报纸、广播和电视公司能够覆盖的观众的数量和类型的诱饵。显然挖土机制造商对花钱针对电视观众做广告没有兴趣。电视台可以通过播放拳击比赛吸引数百万观众，但其中不会有多少人对购买挖土机感兴趣。以合理的价格辐射这一特定受众的适当渠道是一本专门介绍建筑行业相关话题的杂志。

这就解释了为什么有些专业杂志会免费向那些符合目标受众描述的读者发放。杂志通过订阅获得的收入太少了，所以出版社愿意在售价上打折，通过为广告商提供更有针对性的、更有利可图的、更优质的受众来提升售卖广告获取的真正收入。

在很多体育场馆的管理中，亏钱和赚钱取决于通道设计是否合理，能否让商贩流通达到最优状态。因此体育比赛是一种聚集观众的方式，观众们会花钱购买热狗、啤酒、爆米花和咖啡。

在图书方面，没有第三方，所有的成本都由顾客承担。而广播和电视则恰恰相反：除了购买播放设备，观众无须支付其他费用。报纸和杂志的成本由第三方和顾客共同承担。

因此，对于顾客来说，图书要比其他媒体更昂贵一些。图书的价格限制了其普及度，潜在读者不富裕时尤其如此，不过公共图书馆让读者免费借阅图书，一定程度上消除了这些障碍。图书流通的主要障碍不是价格，而是作者与读者的兴趣差异、文本的属性和阅读与写作的困难。哪怕世界上所有人都对冶金学或超现实主义感兴趣，对于部分读者来说，如果不做一些初步学习，有些冶金学或超现实主义方面的书是读不懂的。无论一本书售价多么便宜，这些障碍都会严重限制一本书的读者人数。

世界不会屏气凝神地期待购买或阅读任何人的最新大作，哪怕这些作品是以冶金学、超现实主义或其他对人类种族至关重要的话题为主题的。但如果失去自恋的幻觉——以为自己是某个领域的中心，被该领域所需要——面对令人沮丧的统计学数据，我们中又怎么会有人去写作呢？如果我们考虑第三世界问题的严重性以及农业生产力对于解决这些问题的重要性，如果用桑塔耶那①的话说，我们清楚忘记过去的人必将重蹈覆辙，如果我们了解农具迷恋的历史持续性，我们就不可能忽视《南方波洛洛人的火棍农业的历史与结构》这样的书的重要性。

所有作者都认为自己的作品是不可或缺的，因为只有相信自己的作品是一个领域的中心他才能好好关注自己的

---

① 乔治·桑塔耶那（George Santayana，1863—1952），西班牙裔美籍哲学家、诗人，对美学、思辨哲学和文学批评做出了重大的贡献。

主题。但读者如何从众多渴望受到观众关注的中心中提取出一个领域的概况呢？除非他有相关的背景和兴趣，不然是很困难的。图书就像对话，不是每个人都能理解所有对话，可以随便加入或退出。若是要确保人人理解所有对话，我们就只能讨论天气或类似的话题，一遍遍重复进行同样的对话，止步不前。为了将对话向前推进，尤其是推进至一些有难度的领域，必须积累一定的共同"航程"。

问题不在于数百万穷人几乎没有购买力。你可能有钱购买一本书，却缺乏读懂其内容的兴趣或基础知识。即便是大学毕业生也会遭遇这种情况。他们中的很多人更愿意写作，而不是阅读。事实上，很多大学生从来没有学会什么叫热爱阅读。

学习阅读是对多种元素的整合，而每种元素的内涵也日益丰富：

将字母整合成单词。基于我们的字母表和标准教学手段，第一阶段是学习如何看懂一个单词。这并不特别简单，也不仅仅是孩子的任务。其难度不亚于读中文汉字或象形文字。将单词一个字母一个字母地拼出来和一眼看懂单词是有很大区别的，后者是需要通过练习习得的技能。你可能一下就能认出"electromotive"（电动的）这个单词，难以想象一个字母一个字母拼写的孩子拼到一半要从头开始，因为拼到"t"的时候他们就已经忘记之前拼写的内容了。学习另外一种字母表（区别于学习另一种语言），比如希腊语或者哥特字母表，有时也会发生同样的情况。如果你学习德语时用的是罗马字母表，面对用哥特字母拼写德语单词时，哪怕是认识的单词也无法一下读懂，这样的单词视觉上非常复杂，布满小尖刺的哥特字母令人眼花缭乱，必须一个字母一个字母拼读才能看懂。

把单词拼读出来就是将每个字母视为独立的个体，它有潜力成为一个更大整体的一部分，被后者涵盖与改造：是寻找将字母按特定条件整合在一起的理想的临时整体，是在无数棵极度相似的独木中寻找森林；是将沉默的字母［图案诗歌（Concrete Poetry）①向我们展示了字母偶尔也是有意义的］化为神奇的完整单词。

然后单词必须被整合成句子。在第二个层面上将整个过程重复一遍。拥有无数种可能内涵的词语也可能沉默，将自己隔绝起来，成为孤立的个体。这种整合更为复杂，因为上下文搭配（即便暂时不考虑句子所处的语境）在排版、韵律、句法和语义方面都较为复杂，给语义单位的整合带来了更多的限制。

---

①   图案诗歌指用字母、单词或符号构成的图形图案传达诗人意图的诗歌。

历史上,书写最初是用视觉符号对口头对话的简单记录,就像秘书用速记符号听写信件,然后再将内容还原出来一样。人们不是直接通过阅读理解,而是通过阅读聆听,然后通过聆听理解。正如孩子需要学习如何在阅读时不把单词一一念出来,人类也不是天生就会默读,不将书面文字转化为声音、直接理解其含义的能力是逐渐习得的。根据普鲁塔克①的说法,亚历山大②可以默读;七个世纪之后,圣奥古斯丁③看到圣安布罗斯④能够默读还是赞叹不已。

再然后就可以读段落,很多识字的人也就止步于此了。成年人可能能够应对难度大、复杂程度高的口头表达元素,但也无法在默读时将大量内容暂存在脑中。有时,人们可以通力合作:一位会阅读的农民将报纸上的一段报道转化为容易理解的口头版本,然后他的听众就能理解整个故事。讲述者也需要每隔一段时间暂停一下,因为他也需要聆听;需要将内容转化为自己的口头版本,否则他自己也无法理

---

① 普鲁塔克(Plutarch,46—119),希腊哲学家、传记作家,在代表作《希腊罗马名人传》中记述了希腊和罗马士兵、立法者、演说家和政治家的崇高事迹和人格。

② 亚历山大大帝(Alexander the Great,公元前356—前323),马其顿国王,执政期间在西亚和东北非进行了规模史无前例的军事行动,曾创建古代世界最大的帝国之一。

③ 圣奥古斯丁(Saint Augustine,354—430),基督教思想家,其著作为中世纪和现代基督教的许多思想奠定了基础。

④ 圣安布罗斯(Saint Ambrose,339—397),米兰主教,圣经评论家,是圣奥古斯汀的老师。

解报纸的报道。他"出声"阅读段落,从而将其去段落化——如果可以这么形容的话——和孩子一样,他也可能读到最后也没有理解整篇文章。他需要像孩子一个字母一个字母拼读一样,一段一段拼出整篇文章。

下一个阶段是一下理解整本书——很多医生、工程师、老师和研究人员还在像前面例子中的农夫一样"出声"阅读,无法到达这种境界。苦读了几天、几周甚至几个月,读完却忘记了整本书的内涵的人要如何阅读?多少大学课程不过是用一年时间痛苦地阅读某个文本?还有什么比慢条斯理地阅读更容易导致一本书变得完全读不懂?这么做就像是近视的毛毛虫一样,与壁画只隔着两厘米,用一年时间以每三天看十平方厘米的速度欣赏壁画。无法像一眼扫过整幅壁画那样将其整合为一个整体。

这之后,随着时间的推移,职场和人生经验让人们走向成熟,在和语言的关系方面亦是如此,有些受过大学教育的人具有一定的工作技能,能够进行较为复杂的对话,但一旦拿起书,就选择匍匐在地面上,从毛毛虫的视角吃力地检视地上的植被,他们不会快速浏览。有多少人愿意像毛毛虫一样阅读呢,尤其是那些能够在对话中清晰地自我表达的人?这种自然产生的不满足突出了"发达的"口头表达和"不发达的"书面表达的区别,使读书陷入停滞不前的恶性循环当中。有这种感觉的人不愿读书。读书对他们没有吸引力。他们没有体验过读书的乐趣，因此无法享受阅读。当然，读书并不是事业成功、社会认可和积累财富的前提。

有些人读书是因为他们很幸运，拥有爱读书的父母、老师或朋友，有些人如饥似渴，一天就能读完一本书，之后还会为此感到些许难堪——他们没有意识到，正是这种习惯教会了他们如何阅读，因为正是这样的阅读节奏教会了读者将整本书视为一个整体——这样的人很少，哪怕在发达国家个人平均阅读量也很低。阅读不是拼读单词，不是不顾整体而慢慢爬过一幅壁画的表面。字母表、段落和短文都可以整体理解，在此之上，读书却会突显阅读能力的不足。阻碍书籍自由流通的一大障碍是，尽管市面上有很好的指导，如莫提默·艾德勒（Mortimer Adler）的《如何阅读一本书》（*How to Read a Book*）和丹尼尔·彭纳克（Daniel Pennac）的《比现实更精彩》（*Better than Life*），大量受过高等教育的特权群体也从未学会如何阅读。

联合国教科文组织公布的数据表明 20 世纪出版图书数量的激增与高等教育的普及是明显相关的。但数量的激增更多是源于供给而非需求的上升。受过高等教育的人对写书的兴趣大过对阅读的兴趣。

出版著作是学术或行政事业标准流程的一部分，就像

为了参加比赛按要求撰写报告或填写表格一样。它与阅读
和写作都没有关系。阅读是困难的,会占用追求事业的时
间,除了让引用书目变得更长一点,也不会给人带来明显的
好处。出版作品是达到目的的手段。读书是无用的,是"恶
习",是纯粹的享乐。

图书的终结

没有技术预测方面的专家预测火、轮子或字母表的衰落，原始人的发明或发现已经有几千年的历史了，但从未被超越。但是有预言家预言书籍的死亡。这种预言被解读为末日的审判：书籍的过剩压迫人性，最终会激起神的愤怒。但作为一种科学判断，这种说法经不起丝毫推敲。

图书是可以略读的。在这方面，只有绘画优于图书。

电影或电视剧，尽管也是视觉媒介，却不能像绘画一样一眼看到全貌。也无法略看。观看过程中可能思想不集中，注意力分散，但无法往后翻看后面发生了什么，或往前翻复习之前的内容，也不能停顿片刻进行思考。

　　录制在录像带或 DVD 上的节目确实可以快进或快退，但操作起来也不容易。读者可以通过快速浏览对一本书形成大概印象，哪怕是操作最先进的电脑也难以有这种体验。浏览电脑里的文件时，我们很快就会感到不耐烦；建立对内容的大概认识并不容易。

　　快速抓住经由机器传送的、有一定时长的连续内容（哪怕是有画面的）的主干是很困难的。为了理解钢琴、唱片机、录音机、电影放映机、收音机、电视、录像机、电脑、电话或传真所传送的内容，你必须全神贯注地关注图像或声音的序列。如果要寻找什么，就只能盲目地、一根筋地、笨拙地去搜寻，不知道前面有些什么。

　　在图书中进行搜索相对简单——这很讽刺，尤其是在马歇尔·麦克卢汉①宣称"线性写作"已经过时之后。没有什么比电视、录音带和唱片更需要"线性欣赏"。和图书（或绘画）不同，我们无法迅速窥见这些作品的全貌。它们像古代的文字作品，比如死海古卷②，要从头到尾全部展开才能阅读。

---

　　①　马歇尔·麦克卢汉（Marshall McLuhan，1911—1980），加拿大传播理论家和教育家，认为电视、计算机及其他电子信息传播媒介会对人的思维模式和思考产生巨大的影响，认为纸质书注定会消失。

　　②　死海古卷指 1947 年在死海西北岸首次发现的古代手稿，以希伯来语手稿为主。

在直邮广告领域,新媒介的劣势也十分明显。收到纸质的小册子之后,读者可能只看两秒就扔掉了,但如果收到的是 CD,他更不会特地去播放和留心里面的内容:那么做两秒钟远远不够。同样,即便在物质化时代的鼎盛时期,相较于屏幕上的电子文件,很多人还是更喜欢用打印出来的文件办公。但其中最讽刺的是所谓的前沿电子设备所配的纸质说明书。任何图书都不需要解释如何阅读它的电子说明书。

电子文本的一大优势是可以快速对词汇(或主题,如果事先进行了分类——比如图书索引中列出的主题——并用正确的、具体的搜索关键词)进行搜索。CD 和 DVD 更是如此,读者可以先在屏幕上看词汇和主题列表,然后再寻找相应的文本。如果没有这样的清单,无论是因为制作还是使用难度较高(从网上下载一部同义词词典可能要好几个小时),这种优势就会被大幅削弱:在盲目的搜寻中,读者只能猜测哪些词能够引发有用的反馈。但哪怕有清单的帮助,我们也无法略读电子文档。

阅读一本书的节奏掌握在读者手中。而新媒体要求读者适应机器设定的节奏。光盘、磁带或电影速度一旦改变就变得难以理解了。相反,阅读图书的速度(在一定限度内)可以由读者根据心情、阅读目的、内容的情况或其所处的情境来决定。

这是一种重要的自由。读者可以运用速读技巧以每分钟几千个词的速度阅读一本书,也可以慢慢品味一句能给人启示的语句。而且,阅读时还可以轻松地回看、重读、暂停、跳过不感兴趣的部分。对于新媒介来说,这些都是有一定难度的操作。

图书是便携的。图书的优势在于,欣赏书籍之外的其他任何媒介的作品都需要两个步骤:首先是转换机械、磁力、光学或电子信号(接受的或录制的),然后再(第二步)将其转换成人类能够理解的形式。而图书是可以直接阅读的,不需要读者携带一个中转阅读器,这种设备号称是便携的,一般都不够私密,会让邻居被迫欣赏他们不感兴趣的作品。阅读也不需要去某个特别的、有能用的机器的场所。无论是站是坐还是躺在床上,读者可以在几乎任何地点用任何姿势读书。

在携带并不方便的设备的屏幕上——文字显示对比度极低,排版原始——读书并不具备任何优势。如果电子版有附加材料和程序,用屏幕阅读参考书可能有一定优势。如果电子版的百科全书可以让读者阅读以蜂鸟为主题的文章时,听见它的啭鸣,看到蜂鸟飞行和休息的彩色照片,阅读其他文章中有关蜂鸟的内容,看到和听到蜂鸟在其他语言中的名字,那这样的电子版和纸质版相比显然具有明显的优势。而且一张光盘似乎也更便携。不过真正的比较不是卷帙浩繁的百科全书和一张光盘,而是纸质版的百科全书和一整套并非专门用于读此光盘的电子设备。在现实中,如果只是要快速查阅一些信息,取出光盘、将其放入机器(如果机器没有被他人占用),打开机器,从一个程序切换到另一个程序等一系列操作,比拿起纸质书直接查阅要更麻烦。

现代科技对古老的图书的种种优势最大的承认表现为尝试开发像纸一样薄和柔韧的显示屏,几百张这样的显示屏可以被装订成册,这种阅读器在视觉和排版,甚至质感上都和纸质书类似,无需电线,是一种伪装成纸质书的电子书。

看书不需要预约。要观看电视节目,必须空出某个时间段,或者提前设定好录像机。观众必须根据节目的安排调整自己的日程。相反,图书会配合读者的时间安排:让其可以随时随地开始阅读。不需要事先预约。

看电视时人们可以轻松地换台,和电影院、戏剧和音乐会相比,翻台浏览的习惯可以被视作一种自由,尤其是后两者都是需要在正式场合集中精神的社交仪式。在一些极端的例子中,出席一些场合需要得到邀请、与他人配合、采取安全预防措施、身着特殊的着装，相关准备工作不亚于出门进行一场盛大的郊游——这一切都是为了在某个时间到达某个场所，随后你在那里不能分神，不能饮食，不能拍摄演出内容，不能提前离场，哪怕演出很糟糕，也无法收回已经付出的时间和金钱成本，不能不尊重表演者——这一切只有在特殊情况下才是合理的。但是和看电视换台相比，跳转阅读不同的图书更具多样性（不需要一个大的图书馆，读者就可以接触到数量比电视频道更多的书籍），在时间上也更为灵活。可以随意往前翻或往后翻；能够留存信息（不需要读者录制任何东西）；也不需要事先预约。读者可以在一本书内随意前后翻阅，可以轻松地从一本书跳到另一本书，因此，塞涅卡警告卢西乌斯其中蕴藏的危机：读者的流失。

图书很便宜。便宜到可以个人可以轻松地拥有甚至出版。成千上万的读者都能够买下很多书，但买不起同样数量的画作。手中资源有限的人也可以出钱出版自己的书，但无法将他的作品搬上歌剧舞台或者大银幕。

图书价格低廉，以至于我们说起图书销售，唯一的渠道似乎就是个人购买。我们不会对博物馆有这种印象。相反，私人博物馆被视为一种奢侈（有时会令人侧目）。

电视和报刊的成本很高，无法由公众直接承担，依赖广告商的支持。电影、报刊和电视需要极高的受众数量才能收回成本。不夹广告的图书的成本由几千名读者共同承担。这是世上唯一的以极低的成本影响数量极其有限的读者——散落于不同的地点与时代——的媒介。

图书更加丰富多样。为 300 万观众制作一部电视剧需要巨大的预算。如果这些观众分别观看 6 个不同的频道，节目的多样性就会提高至 6 倍，但预算就会被分散，每个节目的制作成本就只能是原来的六分之一。如果观众分散到 1000 个频道，多样性就会提升至 1000 倍，但预算就不够了：为 3000 人拍摄一部电视剧是不可能的。

这就是电视节目令人失望的原因：电视节目必须能够吸引成千上万的观众。在电视和图书行业最理想的情况是真正优秀的作品得到大众的喜爱。这种事情偶尔会发生。在图书领域，如果没有吸引到大量的读者也不会造成巨大的经济损失，但电视则不然。无论质量是好是坏还是特别好，电视节目必须具有广泛的吸引力。

另一方面，有些图书可能会非常畅销，但这并不是必须的。即便只能吸引三四千名读者，出版一部好书在经济上也是可行的，很多畅销书都是这样起步的。奥克塔维奥·帕斯（Octavio Paz）的作品《孤独的迷宫》（*Labyrinth of*

Solitude)的不同版本总共售出一百多万册,但这本书最初的印量也很少,而且九年都没有再版。如果它是电视节目的话,根本就不会被制作出来。

阅读的代价

　　假设一本袖珍平装书的售价是 10 美元,读完这本书需要两个小时,对于拿最低工资的人来说,其两个小时的劳动所得正好相当于这本书的售价。对于每小时挣 50 到 500 美元的大学毕业生来说,购买并阅读这本书的代价是 100 到 1000 美元。这还不包括了解这本书,寻找、购买或预定、付款、承担邮费、追踪包裹、(如有必要)退货、寻找读书的地方和为其预留书架位置。

　　诺贝尔奖获得者、经济学家罗纳德·H. 科斯(Ronald H. Coase)提出了交易成本的概念。处理一张银行支票(写支票、记录、保存、邮寄、兑现、核对余额、所有涉及的公司和银行对这笔交易进行的会计操作、制作和审核报表),无论其面额是一美元还是几百美元,成本都是几美元。支票面额大的时候,交易成本可以忽略,面额小则不能。

图书的价格非常便宜,销售图书所须耗费的精力和交易的金额不成正比。为一种图书或一本图书付出的关注成本可能高于这本书的销售收入。因此有人只接卷数多的图书的或一次性购买很多册的订单,但真正实际的解决方式是设计适合处理小额订单的交易方法。这适用于过程的每个阶段,从设计到图书馆借阅。比如,促销和广告:如果你可以用销售额的4%做宣传推广,针对大多数图书可以做什么样的推广? 没有太多选择。如果销量是3000册,你的预算相当于120册图书。扣除邀约书评和做其他用途的赠书,剩下就没有多少了。花大价钱做促销和广告只适用于畅销书,如果你确信自己的产品是畅销书的话。

书籍印刷的成本不是影响阅读成本的主要因素。多印一本大众市场平装本可能要花1美元(这是边际成本,不是平均成本)。因此如果读者支付的是10美元,就已经是边际印刷成本的十倍了,主要是因为一本书还涉及手稿从作者到编辑,印刷好的成品从印厂到书店过程中的大量流程手续。对于读者和图书管理员来说,找到并获取有趣的书就要付出高昂的代价。

1989 年，会收到英国出版的所有图书的免费样书的大英图书馆抱怨接收、编目、展示、维护这些图书的成本是每本 50 英镑，每年还要额外花 1 英镑。这已经高于图书的平均售价了。从这个角度，我们就能理解墨西哥作家阿方索·雷耶斯（Alfonso Reyes）的苦恼了，他感觉自己成了家中书房以及作者和出版社给他邮寄的无数免费样书的奴隶；有作家将自己的藏书全数捐出，只求能够免费借阅自己捐献的书籍；还有作家不留存书籍，表示："我只保留我计划要读的书。已经读过的（或者永远不会读的）全都扔掉。"

时间是阅读最昂贵的成本，除了部分特殊情况：乘坐交通工具的时间、身体抱恙的时候、坐牢或退休之后。在富裕的经济体中，时间比物品昂贵，购买物品比抽时间享用它们容易。购买永远不会读的书并不奇怪：我们觉得自己总有一天会读那些书，与此同时还可以向客人炫耀，或在对话中提到这些书。阅读对于穷人、病人、罪犯、退休的人和学生都是一项奢侈的活动。随着学生变成日程紧张的职场人士，随着他们工资的上涨，（非必需的）阅读也会成为一种奢侈。

因为需要占用作者更多的时间，写作也是一种奢侈。如果他在坐牢或者已经退休了，就有很多空闲时间，但如果他是医生、律师或企业管理人员，就很难有什么空闲。他没有时间一遍遍修改一个段落,尽管这样的工作能够为他的读者节省时间。

如果只是给秘书写一个便条,作者无须为了给读者节约一分钟花两小时修改自己的文字。但如果是一本有 1.2 万名读者的书籍,为每一位读者节约一分钟就是为社会节约 200 个小时,节约的总时间是花费的时间的 100 倍。费心完成高质量作品的作者和出版可读性高的作品的出版社应该得到一定的奖励,但为此收费很难操作。如果作者和出版社更尊重读者的时间,如果没有内容、写得不好或编校质量差的文字无从出版,阅读的成本将大大降低。

诗歌的供求关系

　　偶尔会有诗集成为畅销书。1987 年，一位名叫俵万智
(Machi Tawara)的学校老师和日本古典文学翻译家出版了
一本短歌集《沙拉纪念日》，该书在日本售出三百多万册。
13 年后，谢默斯·希尼(Seamus Heaney)的《贝奥武甫：新
诗译本》(*Beowulf: A New Verse Translation*)成了畅销
书，售出数十万本。然而，一般的情况是诗集的销量不会超
过几百册。

　　根据美国书商协会的统计，4 月诗歌的销售量会上升，4
月有"国家诗歌月"的庆祝活动，上百家机构会在 20 万家学
校、图书馆和书店中支持美国诗人学会(Academy of Amer-

ican Poets)的推广活动。但是 1997 年 4 月,这只给赞助商之一的连锁书店波德斯图书音乐(Borders Books & Music)带来了 13.7 万美元的销售额。面对如此稀缺的需求,诗歌的供给规模十分可观。1912 年创立的、备受尊敬的《诗歌》(Poetry)杂志——曾得到 T. S. 艾略特(T. S. Eliot)的赞赏——发行量达到了 1 万册(是一般诗歌杂志的十倍),目前每年会收到来自世界各地的九万份投稿。

我们可以通过卡尔·J. 布坎南[《现在如何出版诗歌》("How to Publish Poems Today"),aboutthearts.com/poetspage.htm,2002 年 10 月 2 日]的描述了解如今惨淡的图景:"全国都向几家'真正的'期刊投稿,造成了前所未有的文学拥堵……今天,与 1980 年相比,诗歌的投稿数大幅增加,至少增长了 20 倍。"但没必要怀念 1970 年代,当时《终章:诗人与作家通讯》(Coda: Poets and Writers Newsletter)报道《纽约客》(New Yorker)每周刊登三首诗,却能收到 800篇投稿。《终章》还报道过黄金鹅毛笔诗歌读书会(Golden Quill Poetry Book Club)发布的一则令人担忧的激励广告:其提出凡是每年购买五本及以上书籍的订阅者,就可以有一首诗被《黄金鹅毛笔选集》(The Golden Quill Anthology)收录。

这种政策的可怕之处在于其不留情面地暴露了一个问题:随着受过高等教育的人越来越多,读书的人并没有变多,反倒是想要写书给他人读的人变多了。黄金鹅毛笔实施的规则表明除非只有买书才能发表自己的作品,否则连诗人都不买诗作。

《犁铧》(*Ploughshares*)杂志曾抱怨过其每年会收到来自约 6000 人的 1.6 万篇投稿,但其中订阅该杂志的连 200 人都不到。刊发征订的广告时,订阅者每增加一个,投稿就要增加 10 篇或 15 篇。不过,《犁铧》没有效仿一些其他杂志的做法,有部分杂志拒绝阅读未订阅该杂志的准作家的信件。

如果渴望自己的作品被他人阅读的人真的阅读,图书行业会迎来前所未有的繁荣,因为渴望出版自己的作品的人的数量是史无前例的。"你读我的作品,然后我读你的作品"所代表的不怎么讨喜的自恋已经恶化成一种连对等都算不上的自恋:别让我关注你;你得关注我。我没有时间、金钱和欲望阅读你的作品;我要你的时间、金钱和关注。你在意什么无关紧要;怎么能不重视我呢?

诗人贾德森·杰罗姆(Judson Jerome)曾经说过,如果作家们真的体贴,就应该在每本市面上流通的书中夹一张五美元的钞票,以象征性地感谢读者及朋友付出的时间。这是市场经济中理性的解决方案:如果供大于求也不能强迫任何人购买商品,价格就会下降,直到跌破零,作家就不得不付钱请读者阅读自己的作品，而不是向读者收钱。

福利国家式的解决方案是建立一个全国性的文学艺妓团队，成员均有文学和作家心理学的学位。他们将全天候为没有读者的作家服务，听他们倾诉，阅读他们的作品，赞美他们，安慰他们。

配给制是另一种解决方案。国家供需监管委员可以建立制度，规定希望他人阅读自己作品的人必须注册并证明自己读书。每读 1000 首诗（或故事、文章、书籍），申请人就可以出版一首诗（或故事、文章、书籍）。规定的比例不断调整直至供需平衡。

为受虐狂作者准备的一盆冷水

想想一本书的推广可以玩出多少种花样！电视、报刊、广播，政府、商业机构、大学、图书馆，评论、会议、朋友，书店、百货商店、药店、机场、报刊亭、俱乐部、邮购、上门推销、电话销售、分期付款、全球市场、翻译、戏剧、电影、广播、电视改编……

是的，有很多事情可以做。《圣经》得到了这样的推广，效果很好；一些领袖语录亦是如此。但每本书都能有这样的待遇吗？首先，物理上的可能性就很残酷。书店能装多少本书？小书店几千册，中等大小的2万册，少数特别大的几十万册。总而言之，都是总可售数量中的极小部分。

读者的家能装多少本书?不是很多。读者从来不会为了给新书腾空间处理他们已经读过或者永远不会读的书;他们会感到愧疚。

电视上播放多少广告?每年几千个不同的广告。如果为每本书拍摄一个广告,即便所有的其他广告、肥皂剧、新闻节目和一切其他节目全都停播,也无法一一播放。

让我们假设,在联合国教科文组织的资助下,我们聘请世界上最优秀的评论家确保每一本出版的图书都能得到一篇书评——一篇精彩的书评。假设每篇书评不超过三页。这个系统每年可以制造出 10 万本书评集。(假设为了世界上长期饱受折磨的读者们,这些评论集不会再次被评论,尽管让 10 万伟大的书评人——如果真能找到这么多——如此克己绝非易事。)

很多书无人评论,不会被翻译成其他语言,也不会再版。它们刚上市的时候能售出一些(如果能的话),但最初的小规模销售之后,就没有第二波了。他们可能会出现在(如果还能出现的话)朋友的书房里、书店的处理柜台上或一些参考文献中——不会被载入史册。

但我们仍旧孜孜不倦地写作。

有人对地球人口的增速提出了极度悲观的预测,比如预测到某年地球上的空间只够所有人站着。然而,每年全球新生儿的数量大约为 1 亿名,只是印制图书的数量的几分之一。哪种过剩对人类威胁更大?哪种增殖更不负责任?是通过生儿育女传宗接代?还是通过立书永垂不朽?

你的书就是一叠废纸,在街道上空乱飞,污染城市的环境,堆积在地球的垃圾桶中。它是纤维构成的,最终也会化为纤维。

阅读星座

　　认真阅读、思考、积极与其他读者探讨、记忆并重读的读者一生能够阅读 1000 本书。带着特定目的接触或查阅图书的特别厉害或专业的读者一生可以读几千册，极少数人可以读更多。但在销售的书有几百万种，图书馆中的藏书有上千万册，未出版的手稿更是数不胜数。图书的数量比在公海上能看到的星星还要多。在浩渺的宇宙中，读者如何找到自己的星座，找到那些让其生命得以与宇宙交流的书？一本书又要如何在书海中找到它的读者呢？

　　读者和书的友谊可能源自一场美好的意外，然后再延伸到作者提到的其他书籍。也可能来自朋友、老师、父母——他们以自己的热情感染他人或鼓励年轻读者的兴趣（"如果你喜欢这本书,那这些你可能也会喜欢"）——的推荐,或源自能激起人的探索欲的书店或图书馆带来的激励效果。

一位以前当过学校老师的书商通过帮助读者寻找他们的个人图书星座建立了一家成功的企业。他提供的服务非常神奇,而且基于一种不可能的方法。他从不同顾客的角度解读书目,然后判断哪些书会吸引哪些读者,他的预测几乎总是准确的。他会为甲读者购买乙图书,当甲读者浏览新书时,他会开心地发现一本他感兴趣的图书。当然,如果两者没有相遇的话,那本书就会留在书架上。换句话说,这种方法依赖于预测一组读者的需求并承担预测失败的风险。

我们读者（更不用说作者了）不能随时随地找到自己想看的书的时候会很烦恼。鉴于我们习惯于默认全覆盖的发行系统可以让每一本书到达世界的任意角落,这种情况为何会发生似乎有些难以理解。但世界上有无数图书的销售点和借阅点。保证每个点都有一册所需的数量远超读者对任何图书的需求。而且,反过来说,世界上没有任何一个地方拥有所有的图书（就连国会图书馆也做不到）。图书的发行总是不完整和不可预测的。撰写、出版、发行图书就像把字条塞进漂流瓶，然后将其扔进大海：它的目的地是不确定的。然而时不时会有奇迹发生：书遇上理想的读者，读者找到理想的书。

找到一本等待我们阅读的有趣的书堪称奇迹，可遇而不可求，但我们可以抓住机会当即买下那本书。猜测和运气在这种相遇中起着决定性的作用。我们不愿相信在书店找到我们寻觅的那本书的可能性微乎其微——无论我们寻找时是否确定其一定存在，无论我们找到前是否知道自己在寻找什么。

1936 年，玛格丽特·米切尔（Margaret Mitchell）的《飘》(*Gone with the Wind*)成了史上第一本一年售出一百万册的小说。亚历山德拉·里普利（Alexandra Riple）撰写的一部续集《斯佳丽》(*Scarlett*)在 1991 年的最后 100 天售出 220 万册，并因此成为"历史上销量增长最快的小说，以及，现在回头看，被遗忘最迅速的小说"[迈克尔·科达(Michael Korda)，《登上畅销榜单：美国畅销书文化史 1900—1999》(*Making the List: A Cultural History of the American Bestseller 1900 -1999*)]。其创造的历史最高纪录是每天授出 2.2 万册，每周授出 15.4 万册。但根据约翰·特贝尔(John Tebbel)的说法[《封面之间：美国出版的兴起与变革》(*Between Covers: The Rise and Transforma-*

tion of American Publishing)〕,当时有"书店、超市、报刊亭等 10 万个以上的网点"。因此(扣除读书俱乐部、邮购和出口的销量),在那非比寻常的 100 天里,每个销售点的销售量也达到了历史最高水平,也就是大约每周一本。

《斯佳丽》这样的书到处都能买到。但让大多数书都在超市、报刊亭和大量书店得到售卖是不切实际的。对于大多数图书来说,印刷 10 万册、保证每个销售点都有一本是荒唐的,很多都会被退货或打折处理。大多数书籍仅有选择地通过部分渠道销售,销量永远也达不到每周每个渠道一本的平均最高销量。如何在没有占卜者的情况下保证它们在正确的时间出现在正确的地点呢?把书放在这个位置,而不是那个位置;卖出一本之后决定是否补货,是否退回未售出的。成千上万个销售点在对成千上万种图书做这些决定,全部加在一起就是我们日常所见的混乱:一方面书找不到读者,另一方面读者找不到书。在每一个销售点,需求都很低下,且完全不可预测。这是彻底的随机模式,只是比混乱优雅一点的说法而已。

一家售卖 3 万种图书的好的综合书店涵盖的种类也不到所有图书的 1%。如果读者对每本书的需求都是相同的,在该书店找不到某本书的概率就是 99%。在这种情况下,如果突然安排一个蒙着眼睛的陌生人来负责这家店,让他面对任何问询都回答"这本书我们没有"，这样回答的正确率会是 99％。现实中，服务人员给出这样回答的概率没有这么高，因为读者的需求没有这么分散（对每本书的需求也不是平均的，而是集中在部分书上）；因为书商一定程度上可以预测读者的需求，并通过为书店营造一种氛围影响读者的需求；还因为读者会根据身处什么样的书店调整自己的期待。这种调整是双向的：书商想象最适合其读者的阅读星座，并据此打造有某种个性的书店以吸引具有相应期待的读者。

　　在一家好的书店里，供需关系是偶然的，但不是混乱的：就像星座一样，它们具有某种样貌，某种可识别的身份。找到某本书的概率取决于书店的关注点是否明确，书商是否勤奋与精明，以及公司的规模。如果全是其感兴趣的内容，几千种图书就能吸引读者。有限的种类也可以形成一个整体。它们就像推荐榜单或针对某些主题的完整书目。尽管只包含几十种或几百种图书——这数量和任何书店销售的图书的总种类相比不值一提——这样的书目却是吸引人的。重要的是依据某个主题、标准、地点或读者群体进行规划。对于某些阅读星座来说，一小批精心挑选的图书就已经非常全面了，和种类更多但针对性较弱的组合相比，前者或许能带来更多的美好相遇。同样，和销售 3 万种图书的综合书店相比,售卖 3000 种图书的特种书店需要重点清晰、目标明确。针对一个读者群体,而不是一个单一的主题,确定售卖图书组合时(如书商导师的案例)需要最为明确的目标。相反,对于亚马逊这样包罗万象的书店来说,其丰富的品种提高了读者找到合适的书的概率——但必须达到一定的规模。一旦有了亚马逊,规模是其十分之一的综合书店就失去了其在品类齐全方面的吸引力,不过在某个特定的领域(如医学)仍可以保有吸引力。然而,除了(销售几百万种图书的)亚马逊这样的特例,阅读星座的具体组成比其涵盖的图书种类多少更加重要。

完美的服务可以通过两种方式达成:要么全世界所有书都备货,要么请一个算命先生。前一种方式颇为极端,依赖占卜则荒谬至极——书商只要准备当日客人所需的图书即可。顾客会发现他想买(或可能会引起其购买冲动的)所有书都在等着他,书架上一本多余的书都没有。鉴于这两种方式都不切实际,在现实中,书商一方面尽量求多求全(或至少扩充符合某标准的种类),另一方面猜测读者的需求,这给书商和读者都带来了糟糕的后果:店里有的书总是没人买,顾客想买的书则总是无库存。

每位读者都是一个世界:没有两个人会拥有完全相同的书房。书籍的数量几乎是无限的,但是书架上的空间资源是有限的。书架的空间很可能会被一堆各式各样没人想要的书所占据。由此可见售卖图书的生意并不好做。如果书商进了卖得好的书，再用其带来的收入购入其他卖得快的图书，如此循环往复，就会进入业务不断扩张、服务不断提升的良性循环：获取收入，改良所售图书的种类，增加美好相遇的次数。但如果他进了卖不动的书，哪怕有权将其退回给出版社，这也是一个恶性循环：这本书卖不出去，只有良性循环才能引发的其他后续销售就不会发生。

　　如果书商可以退货，他就会损失运输和包装成本，以及为了售卖这本无人想读的图书所付出的时间和空间成本。其服务能力辜负了读者、作者和出版社，给所有相关方面都带来了负面的后果。如果不能退货，情况就更糟糕了。可用于进新书的预算变少了；在售图书的种类变得陈旧，所能带来的流量越来越少（顾客每次进店都发现新书越来越少，随后就不再来了）；销量降低，但成本不会降低；卖得动、能带来收入的书必须支撑卖不动的库存，最终会被压垮；收入不足以更新库存、支付成本费用和偿还债务。

　　值得注意的是，哪怕书架上满是好书，书店也可能遭遇这样的挫折。如果一本书既没人知道又没人想买，它又算什么好书呢？除了其幸运地遇到读者的时刻，一本书的价值还不如印刷其所消耗的纸张：它就是污染街道或在海上漂浮的垃圾。其含有的可回收的纤维就是其唯一的价值。若是遭遇以下情形，好书也可能变成垃圾：被放在错误的书店、图书馆中，或被收录于不适合的书目中；被胡乱放在不合适的书架上；被藏在难以触及的地方；读者购买时会在物理、时间或交易方面遇上障碍；或者明明有货读者却被告知没有。另外，一旦成了无人问津的书店的库存的一部分，它就也变成了垃圾——没人会去品种有限、品味欠佳的书店或图书馆。脱离了与之相关联的星座，一本书也就变成了一颗孤星。

世界上的书浩如烟海，绝大多数价值有限，不值得读者克服万难四处寻找，也不值得图书行业斥巨资保证每位潜在读者都能与之相遇。一次幸运的相遇是无价的，但一个人可以为购买或销售一本书付出多少时间呢？一本书的价格太低了，无法消化与其相关的种种成本：宣传或搜寻这本书的成本；购买或发货的成本；包装、仓储、运输、建立新账户、计费、收费、接收退货、通知读者以及通知自己的成本。这样的交易所涉及的金额与其牵涉的成本可能不成正比。

一本书一旦迷失于茫茫书海就再也找不回来了。谁会花大价钱派远征队去找寻和营救它？对任何一家书店最基本的要求是选书要自成一体，具备有价值的、读者能够感知到的整体风格；必须有鲜明的个性，读者才能分辨出什么适合他什么不适合。鲜明的风格能够吸引关注,为搜寻中的人提供指引。这是零碎的元素化为整体之后生发魅力的秘诀:噪音变成了音乐;散落的星星拼出了轮廓,有了名字甚至传说,成了可辨的星座、航海的向导。好的组合能够拯救迷失于书海中的书籍,以最低的成本带来最多次数的美好意外,创造大量的读者流量,在投资、固定成本和读者精力付出不变的前提下提升营业额。

　　一本找到合适位置的书可以让其所属的整体更具吸引力,一旦整体呈现一致的风格,这本书也就更容易被目标读者发现。同样,杂志刊登的文章也会互相提携,提升杂志的吸引力,就像有个有意思的星座,将作者和读者聚在一起,让他们的交流更加活跃。如果杂志(或书店、图书馆、出版社)提供的内容是混乱的,哪怕希望在垃圾堆里寻找宝藏的读者能够承担这项本应由出版社(或书店、图书管理员)做的工作,他们也要付出高昂的代价,容易望而却步。就像用并非自己创造的词语进行创作的作家们一样,有创意的出版社、书商、图书管理员、老师、选集者和评论家也可以将别人的文字聚合成有意义、有魅力的集合体。

　　找不到某本书,我们会感到烦恼,我们希望想找的书在我们想要的时候就在我们想要的地方。我们指责书商无能,甚至觉得他们密谋陷害那本应该遍布全世界每个角落的好书。在一家我常去、特别熟悉的书店里，我曾帮助一位顾客找到一本店员刚刚说"没有"的书，并为此感到开心异常。后来，我观察书店工作人员，与他们交往，思考他们面对的困难，最终意识到他们面对的是不可能完成的任务。尽管书商水平有高低，这其中的问题已然超越了个人能力的范畴。为了没能在预想的地方找到想要的书而生气，就是在为命运的随机性生气。

相反，我们应该乐享命运、拥抱命运、欢庆命运，怀着期待奇迹的心情逛书店。正如赫拉克利特所说，如果不期待意外，你就不会遇上意外。我们在塞得满满当当的书架间漫步的时候，在荒芜的海滩上散步的时候，甚至路过海堤旁沉沉浮浮的垃圾堆时，都有可能遇上美好的意外：找到我们一直在等待的那封瓶中信。

寻找读者

在《忏悔录》(*Confessions*)中，圣奥古斯丁收到了来自天堂的讯息："拿起来读吧。"他发现了一封似乎是圣保罗专门写给他的信，人生就此改变。我们要如何组织天使让他们为我们提供同样的服务呢？世界上有"无穷的"书，也有"无穷的"人。谁来根据文本的内容和个人的阅读历史将两个无限相互匹配，制订安排两者相遇的计划清单呢？

在大多数情况下，一本书的自然受众仅限于能够接受其所传达的讯息的几百人或几千人。人数太少了，以至于可以直接列出名单。但没有人知道如何找到他们的名字，印制适当的册数，在全球范围内进行发行，并告知适当的读者。这本书是为你而写的:在这里,赶紧读吧。人类中介(出版社、发行商、书商、图书管理员、评论家、老师、父母和朋友)尽其所能。历史上,无数人为了促成这种相遇付出努力。

史前采用的是原始的方法。是将一些在口语中使用的,为了让他人听清似乎值得重复的传神词汇刻进记忆里。这样一来,短暂的演讲逐渐演化为容易记忆的文字:句子逐渐演化为歌曲、故事、演讲并最终催生出《荷马史诗》这样里程碑式的作品,人们将这些作品记在脑中,口口相传。这种复制和传播文本的系统并没有消失。很多语句、大多数玩笑、不少社会批判、都市传说、现代社群的轶事和格言,当然还有传统的口头文学,依然是如此传播的。

之后写作就出现了:将词语落在各类实物媒介上,如石头、陶瓷、纸莎草纸、羊皮纸、蜡、纸张及图片、语音或电子记录。新系统和旧系统共存。在某些方面,新系统会成为旧系统的助力(文字转录和录音可以扩大口头交流的范围,可以在人类记不清的时候,帮人回忆,消除错误);它们也会一定程度上改变口头文学(如果有转录的文字稿或录音,即兴发挥的自由就会受到限制,一个标准的版本被确立,本地化的变种会减少);但总体来说,它们赋予了我们更多的以新的方式创造、复制和传播令人难忘的文本的机会。

用实物媒介保存文本和其他作品是对有利于创作的生物记忆从外部予以支持。人可凭印象构建和讲述一个故事,但小说则不行。歌曲也可以凭记忆构建和演唱。但要如何凭记忆绘制和展示一幅画呢?用实体保存创作作品不仅是在时间和空间上延续集体记忆。还让人类得以将作品传给后代,从而加速人类的发展。尤其是使个人读者、个人作者、出版从业人员、个人评论家的出现成了可能。在口头文学的领域,这些角色只是雏形初现;具体的承担者非常模糊,鲜少得到认可,姓名早已遗失,作品的起源时常被染上神话色彩。不过实体保存也催生了新的匿名创作形式:18世纪的小册子、20世纪的地下出版物、玩笑、批评和网络上流传的文字的隐秘传播。

有些实物媒介系统已经消失了:如在蜡片上书写(曾因被爱迪生运用在留声机圆筒上而复兴,但留声机圆筒如今也消失了)、用78转唱片录音。总有不少悲观的预言家要预言某个其他系统的终结。但是正如塑料和铝没有彻底取代铜和铁一样,纸张上的文字和图书印刷也许能延续很长时间。它们可能会像铜和铁一样被改造,然后进入新的竞争领域。事实上,随着电子系统的出现,对纸张的需求不降反增。反倒是这些后来的系统生命周期非常短暂。由于硬件和软件变化很快,短短几年前的电子文本可能会比几个世纪之前印制的书籍或有几千年历史的手稿还要难以保存和阅读。

有库存的复制与发行。 活字印刷机是现代工业的先驱:一个组件(字符)可重组的系统,可以用同样的方式生产不同的产品(书),比手工制作(手抄)单本书成本低廉很多。与此同时,一个所有现代制造业产品都要面对的问题出现了:库存。

抄写员逐一抄写每一本书时,不存在这个问题。每本书都是按需求生产的。印刷机让积累库存成为必要,引发了相应的资金问题以及库存可能卖不出去的风险。对于《圣经》这样销量有保证的书,资本家会出资生产,进入发行行业,最终自己做出版商。其他图书可以通过订阅销售降低风险。订阅制并没有消失,不过自从出版社开始自己承担生产和整个过程的费用并承担相应的商业风险之后,订阅制就丧失了其重要性。

这种风险是根本性的。出版社的资金几乎全部绑在支付给作者的预付款、库存(纸张、正在制作的图书、堆在仓库里的图书和已经发货但可能被退回的图书)以及经销商和书商的赊欠上。一本书的首印投资收回的时候,距离最初的支出已经过去好几个月甚至好多年了。这个周期的结局往往是卖不掉的书堆积在仓库中,只能低价处理或销毁,这就削减了可以用于其他图书出版的资金。

期刊不存在待售库存,因为几乎没有人对昨天的报纸感兴趣。退回的报刊全部销毁,浪费是产品标准成本的一部分,由广告商和读者共同承担。这种思维方式一定程度上从报刊延伸到了图书领域,这也许是从袖珍平装书开始通过报纸的发行渠道流通的时候开始的。图书逐渐开始被视为销售时间很短的杂志,这降低了图书和读者相遇的概率。但读者的兴趣不是转瞬即逝的。这种现实,加上出版商对销售的期望以及对销毁图书普遍的恐惧,助长了图书库存过剩的趋势。图书这方面的成本没有报纸那么明显,因此由出版社而不是读者承担。

斯坦利・昂温(Stanley Unwin)在《出版的真相》(*The Truth About Publishing*)中强调了库存带来的隐性损失:"几乎所有的出版社都在自我欺骗(而且往往是无意识地)并高估其库存的价值。如果充分考虑折旧,很多出版社就会无法直视他们的损益表……对于很多出版社来说,如果能按照其资产负债表上记录的价格将其全部库存转化为现金就非常幸运了,这样的价格是高于库存的实际价值的。"

有些看似保守的会计传统会帮助出版社自欺欺人。每本书的成本是用生产的册数,而非实际销售的数量,计算的，原因显而易见——前者是确定的，而后者不确定。所以，库存的价值是以成本而非售价计算的，这对于能够售出的书来说是保守的，对于卖不动的书则不然。

出版社的另外一个错误是按照单位成本设定售价，忽略库存的风险。这么做其实是将自己当成了印厂。对于印厂来说，每本书从一开始就确定会售出（给出版社）。他们无须担心库存的问题。印量越高，销售收入就越高，成本降低，利润提高，不过部分收益会以单位成本降低的形式传递给出版社。相反，对于销售没有保证的出版社来说，买得太多就会出现问题：库存中隐含的亏损迟早会显现出来。

如果将一本书印刷前所产生 1000 美元成本（翻译、编辑、设计、排版、出片、印刷准备）除以印量 1000，然后再依次除以 2000、3000，可以认为单位成本是"递减"的，从每本 1 美元降至 0.5 美元，再到 0.33 美元、0.25 美元、0.20 美元。但这种计算方式有一定的欺骗性。无论印量多少，这 1000 美元都已经花出去了，永远是这么多，不会变少。实际会变化的是，第二个 1000 册会比头 1000 册更难售卖，第三个 1000 册更难，以此类推。越往后加印的选择就越可能是错误的。

昂温："如果一本书能够以低于某个值的价格发行，其往往是值得出版的，但如果价格提高，就可能失败……很多好书仅仅因为价格方面的限制而无法出版……必须考虑到，无论印数多少，排版的费用都是不变的。考虑到这一点，生产经理可能会指出，如果印量加倍，甚至是只增加1000册，就可以达到理想的（价格）……售价必须是生产成本的五倍。在美国至少是六倍。但是根据理想的售价，而不是读者的需求，决定印数，既是陷阱又是幻觉。"

犯错的代价不是会计报表中列出的概念，而是图书世界中的基本现实。为了一本失败的书辛苦工作多年的作者、最终只能将自己出版的书折价处理的出版社、书卖不掉的书店、没能读完某本书的失望的读者（读完的更惨）都为自己所犯的错误付出了代价。矛盾的是，出版社和书店持有的未售出的库存在财务资产负债表上被记为资产。树木变为垃圾被记为经济增长。平庸之作、不必要的书、显而易见的烂书都被视为学术荣誉，扩充作者和机构的学术资本。

如果有天使军团相助，出版社就能提前预知准确的需求量，需求量随时间推移会如何变化以及需求在各个城市的分布。他们会有对某本书感兴趣的读者的名单，上面还有读者的地址和电话，出版社可以直接与他们取得联系进行销售，这本书的首印和重印的印量都不多不少。这会消除退货和库存的浪费。（在很多情况下，也会变成直销。）但人类中间人不是天使。编辑的经验充分表明在文学价值和销售潜力方面评判一本书都很容易出错。

1911 年,安德烈·纪德(André Gide)拒绝了马塞尔·普鲁斯特(Marcel Proust)的《追忆似水年华》。1964 年,一位名叫麦格劳-希尔(McGraw-Hill)的编辑拒绝了劳伦斯·J. 彼得的《彼得原理》(*The Peter Principle*),他写道:"我看不到这样一本书的商业潜力。"[安德烈·伯纳德(André Bernard),《退稿信》(*Rotten Rejections*)]《出版商周刊》(*Publishers Weekly*)记录了很多相反方向(高昂的预付金、宣传费用及过高的印量)、造成巨大损失的错误。但最常见的错误无声无息。他们安静地躺在仓库里。

无库存复制与发行。 在一般工业领域,日本人发明了"即时生产"(just in time)的同步系统(将库存降到最低)和在途生产系统(生产在一艘驶向市场的船只中进行,从而整合在制货品、在途货品和制成货品并减少三类货品的库存。)从某种意义上说,当代工业的理想是回归匠人手工生产:单独接受每个客人的订单,省去店铺、经销商和成品库存。截至目前,这方面最著名的成功例子是戴尔,其根据个人具体需求(顾客的选择非常丰富)组装电脑,然后直接送到顾客家中。图书的未来也融合了这种理想的一些特征,还有一些独特的元素，尤其是终极图书馆的愿景。古人认为宇宙是一本书，梦想将图书馆建成镜中宇宙。

1941 年，博尔赫斯将这种幻想发挥到了极致："巴别塔图书馆"甚至会收藏那些尚未完成的作品。几年后，范纳瓦尔·布什①提出了如今被我们称为超文本的概念：所有文本的电子链接。"藏有百万卷图书的图书馆可以被压缩在一张桌子的桌角。活字印刷发明以来人类创造的（所有印刷品）……用一辆可移动的货车就可以拖走。"一种名为记忆延伸（Memex）的机制会像人类记忆一样工作，将重要的东西连接起来，忘掉其他。"我们不能因此期待它能像人脑一样快速灵活地跟踪关联轨迹，但在从存储中恢复的内容的持久性和清晰性方面，它应该可以毫无悬念地超越大脑。因此，科学可以模拟人类创造、储存、查阅其种族记录的方式。"[《和我们想的一样》（"As We May Think"），《大西洋月刊》（*The Atlantic Monthly*），1945 年 7 月）]

中世纪的《圣经》是这一项目的早期形式：它是宇宙的一面镜子，所有的圣书都被集合在一起，并以超文本的方式与参考文献、词语索引和注释相互链接。要在网络上构建类似的系统——无所不包的数字图书馆，收录所有时代所

---

① 范纳瓦尔·布什（Vannevar Bush，1890—1974），美国电气工程师，"二战"期间统筹管理美国的科研。

有图书的所有语言版本的全文——难度大,成本高,但技术上是可行的。

这种幻想的最激进形式不仅让库存不复存在,还消除了所有中间人。理论上,在屏幕上获取文本比翻阅装订成册的书更容易、更便宜也更有意思,无需仓库、书店或图书馆。理论上,不需要中间人:作家可以直接向读者进行推介,就像很多作家会在网上免费发布他们的文章一样,也像斯蒂芬·金(Stephen King)试图在大规模的商业化运作中所做的那样。但上帝在现实的细节中,这似乎表明,数字技术注定会让印刷品及其供应者如虎添翼,而不是取代他们。

按需印刷的数字系统消除了持有库存的需要。新机械不用像传统的印刷厂和装订厂那样,将每个书帖复制 1000甚至更多遍,然后折叠、配页、装订,生产 1000 册书,也不用像简单的复印店一样,将一页复印 1000 次,然后再印下一页,以此类推,最终做出 1000 册;新机器可以像过去的抄写员一样,从头到尾复印或数码打印一本完整的书。这样,印刷厂就不能再对出版社说:"你印得多我就可以降价。"鉴于该流程的性质,哪怕订单量不大,印厂也不能抬高单价。

大规模生产平装书的大型轮转印刷机运作时也不会产

生在制品①,但用这种印刷机印刷几千册图书并不划算。用传统印刷机生产几百册也不合算。按需印刷系统可以轻松地制作几十册甚至一册图书。对于印量小、一般质量的图书,它无疑是具有竞争力的。其最重要的功能是延长重印不划算的书籍的生命周期。

小规模的重印可以让出版社的所有存书都不绝版,尽管其中部分图书的需求量可能会下降到每年 100 本甚至 10 本。(据《吉尼斯世界纪录》记载,最极端的例子是牛津大学出版社的一本从科普特语②翻译成拉丁语的书,这本书从 1716 年到 1907 年平均每年售出 2.6 册。)传统方法(重印至少 1000 册起)意味着很多书,即便是曾经的畅销书或很适合该出版社的存书书目,也会逐渐绝版。如果很少的册数也可以重印,出版社的投资和风险就会变得可控。首印时就可以把这种可能性考虑进去。

如果出版社相信一本书可以卖 2000 册,但不确定能不能卖到 3000,他们可以用传统方式印制 2000 册,然后静观其变,他们知道如需要可以再根据需求加印。如果再售出 300 册,每册成本 6 美元,他只需要随着时间的推移陆陆续

---

① 在制品指工业企业正在加工生产但尚未制造完成的产品。

② 科普特语是一种非亚语言,大约在公元 2 世纪左右在埃及使用,代表了古埃及语言的最后阶段。

续、完全无风险地投入 1800 美元,这与冒险提前投入 3000 美元,额外印制 1000 册,然后放在仓库里以备不时之需是截然不同的。即便按需印刷的单位成本是传统方式的两倍(这样的比较具有一定的欺骗性,因为传统印刷不能一次只印一本,必须以千为单位),这种成本差额的存在也是有合理理由的,其避免了 700 册卖不出去的图书积压在仓库里造成隐性损失,这些积压的库存将售出的 300 册图书的真正成本提高到了每本 10 美元,还要产生额外的利息和仓储费用。那本从科普特语翻译成拉丁语的书从首印开始就逐本印刷才合乎逻辑。

新机械分布在整个周期的不同节点上:印刷厂、出版社、发行方或专门的按需印刷服务。其在商业上带来的影响根据安置位点不同而不同。如果每店一台成为可能,那退货将成为过去式。如果该机械变得像台式打印机一样小巧便宜,就可以出现在读者家中。这意味着全球数字图书馆的实现,任何读者都可以将任何图书从互联网下载至他的屏幕或打印机,就像如今读者可以(以散页的形式)下载古腾堡项目协会志愿者数字化的成千上万的经典作品一样。

即便可以在屏幕上免费阅读图书或将图书内容打印在散页上阅读(每页的打印费用一般和传统图书每页的成本

不相上下），很多读者还是愿意花钱购买传统图书，这并不奇怪。在屏幕上查阅某些信息或打印几页内容和在屏幕上读完整本书或用自己的打印机把整本书打印出来是不同的。内容可能是完全一致的，但对于读者来说，视觉、触觉甚至嗅觉的体验是截然不同的。即便电子版的超文本功能原则上优于传统的索引（不是所有书都有索引），传统纸书还是在很多实际方面具有优势。在最基本的层面上，读者读传统书时不需要把一台屏幕上显示着文字的机器放在面前运行。这种实用性上的优势，以及其他很多优点（便携、被盗可能性较小、如果朋友没有相应的设备就无法将书借给朋友的问题、作者权利），在我们对未来的幻想中时常被忽略，但它们会影响读者的决定。我们不能将读者对电子书缺乏热情归咎于普通读者的技术恐惧症，因为两项调查显示，这一现象也存在于"高级技术用户"和阅读教科书的学生当中（《出版商周刊》，2002 年 9 月 9 日）。

这些实际细节很关键，会产生意想不到的影响，有时能催生意想不到的用途。电子书并不是为视障人士发明的，但事实证明，它非常适合大字阅读。同样，当麦格劳-希尔推出科学书籍的电子版时，他们认为读者更看重这些书的内容和超文本化，以及其比印刷版（最终会被淘汰）早三个月出版的优势。令人惊讶的是，尽管电子书有一定销量，读者对纸质书的需求量却上升了。基于这样的经验以及软件行业发布预发布版或测试版(以介绍程序,邀请用户测试,并收集意见)的传统,麦格劳-希尔创建了 Betabooks 网站,允许读者试读和订购尚未出版的书籍。

畅销书《许可营销》(*Permission Marketing*)的作者塞思·戈丁(Seth Godin)也有类似的经历。在通过 www.ideavirus.com 免费赠送了 12.5 万册《释放思想病毒》(*Unleashing the Ideavirus*)之后,他收到了 2.8 万册的订单(《出版商周刊》,2000 年 9 月 18 日)。这本书至今仍可以免费下载(可以打印,但不可以装订),其精装本、平装本和电子书也仍在销售。戈丁把在网络上免费分享图书和电台免费播放音乐比较:"有一段时间,音乐产业反对广播电台免费或仅收取很低的费用播放歌曲。1950 年代,他们意识到电台播放具有极大的价值,国会调查甚至发现音乐厂牌会贿赂电台主持人,让他们播放自己的歌曲。"公共图书馆是另外一个例子。在现实中,它们是图书市场的重要支柱,尽管理论上没有人愿意买自己可以免费读到的书。

亚马逊在 1995 年开始在线销售图书时在每个零售市场都掀起了一场革命,后来,亚马逊开始销售音乐和众多其他商品,同时将电子书和二手书纳入销售范围。考虑到线上顾客、线上商户和电子出版社对技术的偏好,根据逻辑判

断电子书似乎应该最为成功。然而,真正繁荣起来的却是
二手书的销售。2002 年第二季度的报表显示,第三方交易
(主要是二手书的交易)占订单量的 35% 和销售量的 20%。
这表明二手书的订单多是从成千上万通过亚马逊直接向读
者供货的书商处买单本书。也表明数码技术和按需印刷一
样,能够让卖家更好地利用库存,延长书籍的生命周期并赋
予读者更丰富的选择。

　　亚马逊出色地运用了数字技术,外界对此给予了高度
关注,以至于其坚持的传统价值——优质的服务、可靠、新
产品的快速整合、丰富的选择和长期有货——被忽略了。
很多出色的书商都拥有这些优点,他们中的很多如今都在
单体或集体项目中,如美国书商协会的 Booksense.com,运
用数字技术。市场份额被连锁书店侵蚀的独立书店似乎并
没有因亚马逊的崛起而走向灭亡。爱博索斯图书趋势
(Ipsos Book Trends)的调查显示,2002 年上半年,读者共购
买 5.57 亿册成人大众图书(比 2001 年同时段高 1.6%)。连
锁书店(从 22.2% 下降至 21.4%)、读书俱乐部(从 22.1% 到
19.6%)和邮购销售(从 3.3% 到 2.8%)的市场份额下降了,
网络销售(从 7.4% 上升至 8.4%)和二手书(从 3.1% 上升至
5.0%)的市场份额则有所上升(《出版商周刊》,2002 年 9 月
9 日)。

无中间人复制与发行。两个朋友不需要中间人就可以通过电话相互交流。尽管当时印刷机已经出现了，很多文艺复兴和巴洛克诗歌都是手抄然后在作者的朋友之间流传的。如今，复印机、传真机和电子邮件让我们可以在朋友之间复制传播未出版的文本。只有向不特定的读者——与我们素不相识的朋友——传达精心润色过的文本时才需要编辑、出版社、发行商、书店、评论家、老师、父母和朋友。

文字本身就是对非特定读者的邀请。理想情况下，将其放在公园里或发布在网上，供对其感兴趣的读者自然发现即可。无形的命运之手有时能够挽救迷失于混乱中的某个文本，但天使或人类中间人的干预能够区分有序的对话和无序的混乱。中间人会将混乱过滤掉，创造有意义的星座，促进作者与读者的交流。

哪怕是已建立涵盖世界上所有图书的全球虚拟图书馆的理想世界，也需要中间人来选书（不是只要把单词串联在一起就算书）；选择合适的版本（关于文本变体的研究始于亚历山大图书馆①和荷马，如今在电脑的帮助下对乔伊斯的作品进行分析，但这永远不会完全机械化）；编辑图书（图书

---

① 最著名的古代图书馆，位于埃及亚历山大，公元前 3 世纪建造，后毁于火灾。

须清楚可读,这不仅仅局限于版式);对图书进行编目、发行、评论和推荐。如果所探讨的是那本从科普特语翻译成拉丁语的书,那么这一切中介工作自然可以在网上进行。作家也自然可以自己担任中间人,很多人都是这么做的,这种做法未来也将继续。但对于潜在的读者,那些目前还素不相识的朋友来说,在不借助任何外部帮助的情况下,在数百万种选择中发现某一位作家实属不易。

无论在什么样的技术和经济环境中,中间人会继续为读者区分令人难以下手的混乱和鼓励交流的多样性。文化是交流,中间人的角色是通过帮助他们找到读者需要阅读的书来塑造这种对话,并赋予读者的生活新的意义。

多样与集中

作为文字作品,图书是日趋多样化的对话的一部分。作为商业产品,它们是商业世界的一部分,在这个世界中,思想和现实都支持经济集中。正如亚马逊的成功(多样性加强了集中度)所证明的那样,这两种特质可能会相互加强,但其他形式的集中(企业集团、畅销书)并未对多样性起到促进作用,不过它们也未能彻底消除多样性。

20世纪初,世界上有上千家汽车制造商(事实上,工厂根据订单制造零件)、上千家房屋制造商和上千家出版社。一个世纪之后,汽车制造商们消失了——只有几家工业制造巨头还在。但是,尽管存在大企业集团,房屋制造商和出版社都没有遭遇同样的命运。多样和分散的生产仍然具有竞争力。这和图书和房屋的本质有关。不是所有产品都适合集中。

图书行业开创的做法,如活字印刷和线上零售,已经传播到了其他领域。同样,它也吸纳了一些始于其他行业的做法。书店不是最早让顾客直接接触商品(允许顾客直接接触商品,而不是像珠宝店那样必须有店员协助)的。但这种做法特别适合图书,已经发展到书店提供扶手椅供读者阅读。其他改变则没这么幸运。

《哈佛商业评论》(*Harvard Business Review*)刊登的一篇西奥多·莱维特(Theodore Levitt)的著名文章[《营销近视》("Marketing Myopia"),《哈佛商业评论》,1960 年 7 月 8 月刊,授出了 10 万册以上]批评了铁路公司在 20 世纪初"因为认为自己做的是铁路运输生意而不是运输生意",未能抓住高速公路交通带来的机遇以促进自身发展(如提供联通铁路和高速公路的服务)。这篇文章促使很多行业开始寻求更广阔的事业,人们开始自问:"我们到底身处什么行业?"这可能是如今试图将图书、报纸、杂志、电影、广播、音乐、电视、互联网融合成更加宽泛的概念,也就是媒体的企业集团的思想起源。理论上,这些行业的相似性是很明显的。这些领域的目的都是生产、复制、发行内容。在很多情况下，从一种媒介传播到另一种的内容也是一样的（如"哈利·波特系列"）。理论上，合并应该会带来规模效应和联合运营（或协同作用）。然而，在实践中和底线方面，备受期待的协同令人失望。

帕累托法则——80％的利润来自20％的产品——的应用衍生出的管理实践导致了令人失望的结果。同样令人失望的是每个项目都必须盈利的想法。专注于最赚钱的产品，削减其他产品以提高公司的利润可能有效，但也可能是破坏性的：砍掉了未来可能赚钱的商品，被取消的低收入商品可能正是高盈利商品运作所需的背景，还使公司的使命失去意义。很多有合理业务的出版社和书商被并不理解它们、伤害它们的集团所收购，然后，如果它们没有取得集团预期的成功就会被抛弃。

优秀的出版社和书店从两个视角看待图书：图书既是文本（要以其为中心组织对话、建立吸引人的阅读星座）也是商业产品。这意味着有些书无论是因为错误还是出于必要（如果销量低的图书在阅读星座中有适当的位置）必然是要亏损的。诀窍是避免大部分产品都亏损的情况，确保部分图书足够成功并以此保证整体经营盈利。一旦双重视角被压缩为单一视角——即季度收入报表——阅读星座就不那么有趣了，季度利润也不一定会增长。

一家出版社的大部分利润仅来自几本书,有时甚至是一本书。原本的传统是利用这一现实。面对销量有限的优秀作家的作品,因为它们在阅读星座中占有一席之地,未来有希望产生收入支持其他优秀作家的作品,优秀的出版社会继续出版它们(依赖作品更畅销的作家带来的收入)。当然,19 世纪以来,有的作家(如华盛顿·欧文和马克·吐温)清楚地知道他们的某部作品对于出版社的经济状况极为重要,拒绝向传统低头,拿到了特别的奖金或者自己印刷发行自己的作品,拒绝资助出版社和不那么幸运的同行。

但是,20 世纪的文学代理和企业集团创造了一个以畅销书为中心的市场,这样的市场将销售新星从原本适合它的阅读星座中剥离出来,投入另一种"星座"——畅销明星构成的系统。与此同时,为集团企业服务的出版社的财务周期、图书生命周期和雇佣周期都缩短了。独立出版人与一直在不同岗位上轮转的高薪高管不同,他们享受自由而且能够以十年为单位规划业务,并因此满足于低微的收入,然而他们一旦遇上以季度为衡量单位,必须为公众、大众媒体和银行设计精彩戏码的高管,就会失去支持新人作者的长期发展的主要资金来源。

第一个阶段相对简单,就是用难以抵抗的报价从精心构建的星座中撤出部分作家。然后花重金、冒着巨大风险打造一夜成名的巨星。高销量能够带来巨额利润的原因是图书的平均价格是根据销量只有几千册的情况设定的。在此基础上，一本已经通过精装本收回初始成本并仍有销售的书，再出平装本的利润率很高（尽管平装本定价较低），销量也会更高。明星系统中的畅销书可能会取得惊人的销售成绩，但与袖珍平装书不同，这样的书涉及繁杂的合同约定、高额的奖金、额外的成本和大额的投资（预付款、宣传费用，很高的首印量），如果销量达不到预期，可能就无法回本。这种模式是严重的、高度投机的赌博。

安德烈·希大林（André Schiffrin）的《出版业》（*The Business of Books*）和杰森·爱泼斯坦（Jason Epstein）的《图书业》（*Book Business*）中都有对这种发展及其引发的负面后果的精彩论述，它们同时也表达了对多样性的未来的合理希望。我们无法相信未来图书业会变得像汽车业一样——中小型厂商被挤出市场。需要出版社投入大量资本的图书，如明星系统的畅销书和大型百科全书，是适合集中的市场区块，但它们并不是整个市场。

在图书领域，任何规模的机构几乎都可以盈利（事实上，中型机构比小型机构风险更大）。参与图书行业所需的最小投资远低于制造汽车或其他畅销的工业产品所需的金额。新药的开发需要很多年时间和数亿美元。"哈利·波特"系列（其市场可与药品媲美）的开发只需要一个在家工作的失业者的个人牺牲和才华。个人牺牲和才华也让小型出版社和小型书店的创建成为可能，它们最终能够盈利。世界上最大的出版集团贝塔斯曼（Bertelsmann）源自一位《圣经》旅行推销员的个人努力。出版集团和连锁书店并没有挤垮所有的独立出版社、书店和作者。它们未来能做到吗？不太可能。制药技术的发展提高了进入市场的最低投资，但图书行业的新技术却降低了参与的最低投资。

图书相对成本不断降低的历史趋势仍在继续。手工在羊皮纸上抄写的书是只有贵族能够买得起的奢侈品。印刷在纸张上的书籍降低了人工和原材料的成本。这大大提高了一本书的销售量，也让更多不同的书得以被出版。从古登堡最早印刷的书籍到袖珍平装书，图书的价格一直在下降。与此同时，图书的种类激增。仍在蓬勃发展的文本的电子复制和发行，尽管还有一定局限性，进一步降低了多样性的成本。

20世纪下半叶，接受高等教育的人数大幅增加。阅读的人变多了，但写作并希望出版作品的人增幅更大。以出书为一种个人实现的方式的想法传播甚广："詹金斯集团有限公司（Jenkins Group，Inc.）对1006名美国成年人的一项调查显示，81%的美国人感觉他们应该写一本书。詹金斯估计有 600 万美国人真的完成了手稿。"（www.bookspub lishing.com，2003 年 9 月 23 日）在学术界，这种个人愿望变成了职业要求，"出书或灭亡"的说法是对这种现象的概括。学术书籍、专业书籍和教科书占市场的一半。

知识和专长的增多、不同文化和国家之间距离的拉近以及所有层面上的社会创造力，使得题材的多样性成倍地增长。在富裕、受教育水平高的国家，最奇怪的兴趣也能吸引几千名读者，因此就该主题出版一本书就是值得的。每个人对应的出版物数量因此上升。

降低投资门槛和产品成本的技术可以满足受过良好教育的人对阅读以及在正在进行的对话——其主题和兴趣的多样性不断增长——中表达自我的需求。通过扎根于这种经济现实，有些鼓励多样性的集中形式可能会蓬勃发展。但那些令对话变得单调而非丰富的形式会遇到困难，这是图书的本质决定的。很多收购、合并、畅销书的案例最终都被证明为糟糕的买卖。

这种集中从几本书获取利润的模式由来已久，却是一种危险的规划模式。正如出版社坦率承认，他们没有制造畅销书的确定公式。更重要的是，读者不仅仅购买畅销书。所以最有吸引力的出版星座包括很多本销量相对较低的书籍。这种情形为独立出版社和书商提供了集团企业和连锁书店所没有的机遇。出版的集中趋势是有极限的，多样化的趋势则无限。因此，和畅销书的喧闹和虚无相比，混乱的喧闹和虚无对阅读的威胁更大。幸运的是，世界上还有人和组织愿意从噪音中提炼出音乐，界定阅读星座，组织共同思考的对话。只要这些传统还在，我们就有理由相信，丰富的、有营养的多样性会所向披靡。